アガルートの
司法試験・予備試験
総合講義 1 問 1 答

刑 事 訴 訟 法

アガルートアカデミー 編著

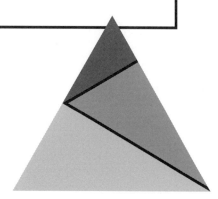

AGAROOT
ACADEMY

はしがき

　本書は，司法試験・予備試験の主に論文式試験で問われる知識を１問１答形式で整理したものである。初学者であれば，基本書等を読み進めて理解した後で，その知識を復習するための副教材として使用することを，中上級者であれば，一通りインプットを済ませた後で，知識を網羅的に点検し，定着させるものとして使用することを想定している。

　論文式試験で問われる知識を整理・確認する書籍としては，論証として整理をしている論証集や，問題とその解説あるいは解答例という形式で提供する演習書が存在する。しかし，論証集には，問題形式になっておらず人によっては覚えにくく取り組みにくいという側面があり，演習書には，問題文が長文になりがちで知識を再確認するには使いにくいという側面がある。

　そのため，シンプルに論文で問われる知識をおさらいできる問題集はないかと模索した結果，１問１答形式の問題集に至った。作成当時は，アガルートアカデミーで個別指導を受講している受講生向けに，復習用教材として使用していたのであるが，その評判が上々であり，学習の成果も確認することができたため，これを書籍として刊行することにした次第である。

　本書は，2019年に『アガルートの司法試験・予備試験 総合講義１問１答 刑法・刑事訴訟法』として発行したものであるが，判例学習の重要性が増している公法系科目の傾向を踏まえ，１問１答だけでなく，重要判例に関する空欄補充問題も掲載し，「刑法」「刑事訴訟法」として独立させたものである。

　本書の空欄補充問題を通じて，最低限記憶しておくべき，判例の結論及び，結論を導くための重要なキーワードをインプットしてほしい。

　本書は，知識の解説をしたものではなく，また，具体的事例問題を掲載したものでもない。司法試験・予備試験の合格に必須の知識を定着させるための問題集である。すらすらと書けるようになるまで，繰り返し解き続けてほしい。

　本書の前身である問題集は，既にアガルートアカデミーの受講生が利用しており，多くの合格者を輩出している。読者諸賢にとっても，この問題集が，正確な知識の定着の一助となり，司法試験・予備試験の合格を勝ち取ることを切に願う。

2021年１月吉日

アガルートアカデミー

目　次

刑事訴訟法

本書の使い方

【左側：問題】

問題ランク
Aは学習初期から必ず押さえてほしい基本的な問題を，Bはそれ以上のレベルの問題を表します。
1周目はAだけを，2周目はBを中心に問題を解いていくと学習を効率的に進められます。

チェックボックス
解き終わったらチェックして日付を記入しましょう。

通し番号
単元ごとの通し番号です。「今日は何番まで」等，目標設定にお役立てください。

問題文
基本・重要論点を順序立てて端的に問う内容となっています。

条文表記
(220 I ②)は，220条1項2号を表します。

107. A　場所に対する令状で身体を捜索することができるかについて説明しなさい。

108. B　逮捕に伴う捜索・差押え（220）の要件について説明しなさい。

109. A　逮捕に伴う捜索・差押え（220）を無令状で行うことができる根拠について説明しなさい。

110. A　逮捕に伴う捜索・差押え（220）の時間的限界（「逮捕する場合」（220 I 前段）の意義）について説明しなさい。

111. A　逮捕に伴う捜索・差押え（220）の場所的限界（「逮捕の現場」（220 I ②）の意義）について説明しなさい。

【右側：解答】

107.　　住居に関するプライバシーと身体に関するプライバシーは別個のものであるし、身体を捜索する場合には人身の自由に対する。
　　制約も観念されるため、原則として許されないが、妨害行為がなされた場合には、令状の効力（又は「必要な処分」）として、当然にこれを排除することができる。
　　そこで、捜索・差押場所にいる者が捜索・差押えの目的物を隠匿したものと認められる場合（そのように疑うに足りる相当な理由がある場合）を除き、許されないと解する。

108.　　① 「第199条の規定により被疑者を逮捕する場合」、「現行犯人を逮捕する場合」又は「第210条の規定により被疑者を逮捕する場合」
　　② 「必要があるとき」
　　③ 「逮捕の現場」

109.　　相当性説（判例？合理性説、蓋然性説）＝逮捕の現場には証拠の存在する蓋然性が高いので、合理的な証拠収集手段として認められたとする。
　　緊急処分説＝被逮捕者の抵抗を抑圧し、逃亡を防止し、同時に現場の証拠の破壊を防止するための緊急の必要性から無令状捜索・差押えが認められたとする。

110.　　相当性説＝逮捕の時点で逮捕現場に証拠が存在する客観的蓋然性に影響を及ぼすことはないから、逮捕の現実的可能性がある限り、その時間的前後関係を問わず、広い範囲で捜索する。具体的には、ⓐ逮捕行為の着手前も、ⓑ逮捕行為完了後も問わないし、ⓒ仮に逮捕行為に失敗し、被疑者が逮捕に着手した場所から逃走した後でも、その場所において、捜索・差押えが可能である。
　　緊急処分説＝証拠隠滅等を防ぎ、証拠を保全する緊急の必要性を理由として、無令状による捜索・差押えを許容するものであるから、原則として同時並行性（厳格な時間的接着性）を要求する。具体的には、ⓐ逮捕行為の前は、被疑者がその場に現在し、かつ、着手が現実に見込まれる（着手直前）という厳しい条件が必要であるし、ⓑ逮捕が完了し、被逮捕者による証拠隠滅等の危険性が失われた場合には、それ以降の捜索・差押えもできない。また、ⓒ被疑者が逃亡した場合も、捜索差押えはできない。

111.　　相当性説＝捜索差押許可状を請求すれば許容されるであろう関連性のある相当な場所的範囲をいい、一般的には、逮捕現場の管理者のその同一の管理権が及ぶ範囲内の場所であるとされ、逮捕行為に着手した地点から逮捕行為が完了した地点までの全ての場所においても捜索・差押えをすることができるとされる。
　　緊急処分説＝被疑者の身体又は直接の支配下にある場所に限る。ただし、緊急処分説からも、共犯者などの第三者による証拠隠滅が行われる危険性がある場合には、当該場所でも捜索・差押えをすることができると解する立場がある。

1 捜索

インデックス
現在学習中の部分が一目瞭然です。

解答
論文式試験で記載することになる知識をまとめた内容になっています。

学説
一般的に判例の立場と評されているものの、それに異を唱える有力な学説が存在している場合に「？」を付けています。

刑事訴訟法

1 捜 査

☐ __/__ 　**1.**　**A**　捜査の意義について説明しなさい。
☐ __/__
☐ __/__

☐ __/__ 　**2.**　**A**　捜査の目的について説明しなさい。
☐ __/__
☐ __/__

☐ __/__ 　**3.**　**A**　令状主義（憲33, 35, 法197Ⅰただし書, 199Ⅰ, 218等）の意義について説明しなさい。
☐ __/__
☐ __/__

☐ __/__ 　**4.**　**B**　令状主義（憲33, 35, 法197Ⅰただし書, 199Ⅰ, 218等）の趣旨について説明しなさい。
☐ __/__
☐ __/__

☐ __/__ 　**5.**　**B**　任意捜査の原則（197Ⅰ）の意義について説明しなさい。
☐ __/__
☐ __/__

☐ __/__ 　**6.**　**B**　強制処分法定主義（197Ⅰただし書）の意義について説明しなさい。
☐ __/__
☐ __/__

☐ __/__ 　**7.**　**A**　比例原則（197Ⅰ本文「必要な」）の意義について説明しなさい。
☐ __/__
☐ __/__

☐ __/__ 　**8.**　**B**　捜査の開始時期について説明しなさい。
☐ __/__
☐ __/__

1 捜　査

1. 　捜査機関が犯罪が発生したと考えるときに，公訴の提起・遂行のため，犯人を発見・保全し，証拠を収集・確保する行為をいう。

2. 　犯罪の嫌疑の有無を解明して，公訴を提起するか否かの決定をなし，公訴が提起される場合に備えてその準備をすることをいう。具体的には，①被疑者の身柄保全，②証拠の収集保全を指す。

3. 　強制処分を行うには原則として裁判所又は裁判官の発する令状に基づかなければならない。

4. 　捜査機関が逮捕，捜索，押収など最も人権侵害の危険のある強制処分を自らの判断だけで行うことができるとすると，不当な人権侵害が行われるおそれがあるため，公正な立場にある裁判官に，強制処分の必要性とそれが人権に及ぼす影響を判断させることにより，捜査による不当な人権侵害が行われることを防止する（司法的抑制の理念）。

5. 　捜査目的が強制処分によっても任意処分によっても達成される場合には，任意処分によって行われるべきとする原則をいい，強制捜査を法規上も運用上もなるべく例外にとどめることによって，捜査と人権の調和を図ろうとするものをいう。

6. 　強制処分は，法律にこれを許す特別の規定がある場合にしか用いることができない。

7. 　捜査は，被疑者等の自由，財産その他私生活上の利益に直接重大な脅威を及ぼすものである以上，捜査の必要と人権保障の間にはほどよい調和を図る必要があることから，捜査上の処分は，必要性に見合った相当なものでなければならないという原則をいう。強制処分を行う場合にも，できるだけ権利・利益が侵害される程度の少ない方法・種類が選択されなければならない。

8. 　捜査は，「犯罪があると思料」したとき（189Ⅱ）に開始される。

□	/	9.	**B**	捜査の端緒の意義について説明しなさい。
□	/			
□	/			

□	/	10.	**B**	捜査の端緒の具体例について説明しなさい。
□	/			
□	/			

□	/	11.	**B**	告訴の意義について説明しなさい。
□	/			
□	/			

□	/	12.	**B**	告訴を欠き，かつ告訴が得られる可能性が全くない場合，親告罪捜査は可能かについて説明しなさい。
□	/			
□	/			

□	/	13.	**B**	告訴を欠くが，将来告訴が得られる余地を残している場合，親告罪の捜査は可能かについて説明しなさい。
□	/			
□	/			

□	/	14.	**B**	告訴の客観的不可分の原則について説明しなさい。
□	/			
□	/			

□	/	15.	**B**	告訴の客観的不可分の例外について説明しなさい。
□	/			
□	/			

□	/	16.	**B**	告訴の主観的不可分の原則について説明しなさい。
□	/			
□	/			

1
捜

査

9. 　捜査の開始のきっかけとなる，捜査機関の下に集まってくる犯罪についての情報の手がかりをいう。捜査の端緒には，特に制限がない。

10. 　1．捜査機関の活動に由来するもの
　　　　聞き込み，風説，新聞その他出版物の記事，検視，職務質問，自動車検問，現行犯逮捕等
　　　2．犯人や被害者の申告・告知等による場合
　　　　被害届，告訴，自首等
　　　3．第三者の申告・告知等による場合
　　　　告発，請求，匿名の申告等

11. 　犯罪被害者（若しくは法により定められた親族等）が捜査機関に対して犯罪を申告し処罰を求める意思表示をいう。

12. 　公訴提起の余地はないので捜査の必要性は認められず，捜査は許されない。

13. 　被疑者及び証拠を保全しておく必要性は否定できないし，訴訟条件は，公訴において必要とされる条件であるから，捜査行為をすることができる。

14. 　明文はないが，告訴は犯罪事実について訴追を求める意思表示であり，訴追の範囲を犯罪事実の一部に限定する意思はないのが通常であるから，原則として，単一の犯罪の一部分についてした告訴は，その全部に対して効力を生じる。

15. 　①観念的競合の犯罪事実で，被害者が複数の場合（ex．1つの文章で2人の名誉を毀損した場合），被害者意思を尊重するため，一方の被害者が告訴をしても，他方の被害者が告訴したことにはならない。
　　②非親告罪に限定した告訴（ex．住居侵入と器物損壊のうち，住居侵入部分のみ告訴）については，告訴の客観的不可分の原則が及ぶとすると親告罪とした趣旨を没却するから，親告罪に及ばない。

16. 　「親告罪について共犯の1人又は数人に対してした告訴又はその取消は，他の共犯に対しても，その効力を生ずる」（238 I）。

□ / □ / □ /	**17.**	**B**	告訴の主観的不可分の例外について説明しなさい。

□ / □ / □ /	**18.**	**B**	行政警察活動の意義について説明しなさい。

□ / □ / □ /	**19.**	**B**	司法警察活動の意義について説明しなさい。

□ / □ / □ /	**20.**	**B**	職務質問の根拠条文について説明しなさい。

□ / □ / □ /	**21.**	**B**	職務質問の法的性格について説明しなさい。

□ / □ / □ /	**22.**	**A**	職務質問（警職法2Ⅰ）の要件について説明しなさい。

□ / □ / □ /	**23.**	**B**	職務質問において有形力を行使することができるか（「停止させて」（警職法2Ⅰ）の意義）について説明しなさい。

□ / □ / □ /	**24.**	**B**	所持品検査の意義について説明しなさい。

1
捜
査

17. 　相対的親告罪（特定の犯罪において犯人と被害者との間に一定の身分関係があることから親告罪とされるもの，ex. 刑244Ⅱ）の場合，主観的不可分の原則が妥当しない。例えば，親族と非親族の窃盗の共同正犯で，被害者が非親族の犯人のみ告訴したような場合である。
　　cf. 犯人を指示することなく告訴した場合も，親族の者をも告訴する意思が認められない限り告訴の効力は及ばない。

18. 　犯罪の予防・鎮圧を目的とした警察活動をいう。

19. 　刑事訴訟法上の犯罪捜査である警察活動をいう。

20. 　警職法2条1項。警職法上の任意同行については，警職法2条2項。

21. 　行政警察活動である（ただし，司法警察活動との区別は曖昧）。

22. 　① 「異常な挙動その他周囲の事情から合理的に判断して」，
　　② 「何らかの犯罪を犯し，若しくは犯そうとしていると疑うに足りる相当な理由のある者又は既に行われた犯罪について，若しくは犯罪が行われようとしていることについて知っていると認められる者」である。

23. 　まず，強制処分を行うことはできない（その根拠については，捜査との連続性，警職法2Ⅲ，憲35などが挙げられている）。また，警察比例の原則が及ぶため，強制捜査手続によらなければ許されないような強制手段に至らない程度の，心理的影響力ないし有形力の行使は，職務質問の目的，必要性，緊急性などを合理的に考慮し，具体的状況の下で相当と認められる限度において許容される。

24. 　相手が身につけ所持している物を開示させて警察官が点検したり，警察官自ら開示する処分をいう。

□ /
□ /
□ /
25. **B** 所持品検査の法的性格について説明しなさい。

□ /
□ /
□ /
26. **B** 承諾なき所持品検査の可否について説明しなさい。

□ /
□ /
□ /
27. **B** 自動車検問の意義について説明しなさい。

□ /
□ /
□ /
28. **B** 自動車検問の3つの分類について説明しなさい。

□ /
□ /
□ /
29. **B** 無差別一斉検問の可否について説明しなさい。

25. 職務質問に伴う所持品検査は，職務質問の際に必要に応じて行われる（警職法2Ⅰ）から，行政警察活動の一種である。

26. 所持品検査は任意処分である職務質問（警職法2Ⅰ）の付随行為として許容されるものであるため，所持人の承諾を得て行わなければならないのが原則である。しかし，行政警察の責務である犯罪の予防・鎮圧等の実効性を確保する必要があるから，例外として，捜索に至らない程度の行為は，強制にわたらない限り所持品検査においても許容される場合がある。具体的には，所持品検査も「必要な最小の限度」（警職法1Ⅱ）でなされなければならないから，所持品検査の必要性・緊急性，これによって害される個人の法益と保護されるべき公共の利益との権衡等を考慮し，具体的状況の下で相当と認められる限度で許容される。

なお，「公共の利益」については，犯罪の重大性，嫌疑の強さ，物件所持の疑いの強さ，その物件の危険性，法益侵害の程度，「個人の法益」については，遮蔽空間への物理的侵入の有無，有形力行使の有無・程度，有体物の占有侵奪の有無などを考慮する。

cf.「捜索に至らない」ことと，「強制にわたらない」ことの関係は，トートロジーに過ぎないという見解，別個の意義を有するという見解（ex. 抵抗する対象者を押さえつけ，バッグを取り上げた上で，チャックを開けて中を一瞥する場合には，プライバシー侵害の程度においては捜索には当たらないが，強制に至っている）が対立している。

27. 警察官が犯罪の予防，検挙のため，進行中の自動車を停止させ，当該自動車の運転者等に対し必要な事項を質問することをいう。

28. ①交通違反の予防検挙を主たる目的とする交通検問，②不特定の一般犯罪の予防検挙を目的とする警戒検問，③特定の犯罪が発生した際，犯人の検挙と情報収集を目的として行う緊急配備検問がある。①と②は行政警察活動，③は司法警察活動である。

29. 警察法2条1項は，組織体としての警察の所轄事務の範囲を定めるとともに，その所定の責務を遂行すべきことを規定したもので警察官にとって権限行使の一般的根拠となり得る。そこで，①交通取締りの一環として交通違反の多発する地域等の適当な場所において，②短時分の停止を求めて，運転者などに対し必要な事項についての質問などをすることは，それが③相手方の任意の協力を求める形で行われ，自動車の利用者の自由を不当に制限することにならない方法，態様で行われる限り，適法である（警察法2条1項説，最決昭55.9.22）。

☐ ／___	30.	**A**	「強制の処分」（197 I ただし書）の意義について説明しなさい。
☐ ／___			
☐ ／___			

☐ ／___	31.	**B**	任意捜査の限界について説明しなさい。
☐ ／___			
☐ ／___			

☐ ／___	32.	**B**	被処分者の承諾ある強制捜査の可否について説明しなさい。
☐ ／___			
☐ ／___			

☐ ／___	33.	**B**	任意同行の意義について説明しなさい。
☐ ／___			
☐ ／___			

☐ ／___	34.	**B**	任意同行の種類について説明しなさい。
☐ ／___			
☐ ／___			

☐ ／___	35.	**B**	任意同行と実質的逮捕の区別基準について説明しなさい。
☐ ／___			
☐ ／___			

☐ ／___	36.	**B**	任意取調べの限界について説明しなさい。
☐ ／___			
☐ ／___			

30. 「強制の処分」とは，「この法律に特別の定」のある逮捕・捜索・差押えに類する
もの，すなわち個人の意思を制圧し，身体，住居，財産等の重要な権利・利益に制
約を加えて強制的に捜査目的を実現する行為など，特別の根拠規定がなければ許容
することが相当でない手段を意味する（意思制圧説，最決昭51.3.16）。
cf. 有力説＝相手方の明示又は黙示の意思に反して，重要な権利利益を制約する
こととする。

31. 任意捜査であっても，「必要な」（197 I 本文）限度でなされなければならない。
そこで，必要性・緊急性なども考慮した上，具体的状況の下で相当と認められる限
度において許容されるものと解するべきである（最決昭51.3.16）。その際には，
有形力の程度，権利ないし法益の種類，その侵害の程度，被疑事実の重大性，嫌疑
の程度，当該捜査の必要性・緊急性を考慮する。

32. 害される法益が人身の自由や私生活の平穏など個人的利益である以上，権利放棄
は可能であるが，権利放棄が，権利の内容や放棄の効果を熟知してなされたものな
のか疑問が残る。また，捜査官の側にも安易に脱法行為に走る危険がある。さらに，
承諾留置や，家宅の承諾捜索，女子の身体検査などは，通常任意の承諾はあり得な
い場合であり，そのような場合のためにまさに令状主義が採用されたといえる。そ
こで，任意の承諾（権利放棄）を訴追側が積極的に立証した場合のみ適法となるが，
承諾留置や，家宅の承諾捜索，女子の身体検査などは，同意があっても許されない。

33. 被疑者の出頭確保のため，捜査官がその居宅等から警察署等へ同行させることを
いう。

34. ①行政警察活動である警職法上の任意同行（警職法2 II），②犯罪捜査を目的と
する司法警察活動としての任意同行をいう。

35. 逮捕とは，被疑者の意思を制圧し，身体を拘束して捜査目的（逃亡・罪証隠滅防
止）を達成する強制処分をいう。そうであるとすれば，任意処分たる任意同行と強
制処分たる逮捕は，①同行を求めた時間・場所，②同行の方法・態様，③同行を求
める必要性，④被疑者の属性（年齢・性別等），⑤同行後の取調べ時間・場所・方法，
監視の状況，⑥被疑者の対応のしかた，⑦捜査官の主観的意図，⑧逮捕準備の有
無等の事情を総合的に考慮して，逮捕と同視すべき強制が加えられているかにより
区別されるべきである（通説，富山地決昭54.7.26参照）。

36. 取調べは任意捜査の一環であり（197 I 本文，198 I ただし書），行動の自由や
意思決定の自由を制約するものであるから，事案の性質，被疑者に対する容疑の程
度，被疑者の態度等諸般の事情を勘案して，社会通念上相当と認められる方法ない
し態様及び限度において，許容される（最決昭59.2.29）。

□ ／
□ ／　　**37.** **B**　　おとり捜査の意義について説明しなさい。
□ ／

□ ／
□ ／　　**38.** **B**　　おとり捜査の適法性について説明しなさい。
□ ／

□ ／
□ ／　　**39.** **B**　　逮捕の意義について説明しなさい。
□ ／

□ ／
□ ／　　**40.** **B**　　逮捕の種類について説明しなさい。
□ ／

□ ／
□ ／　　**41.** **B**　　通常逮捕（199）の要件について説明しなさい。
□ ／

37. 捜査機関又はその依頼を受けた者が，その身分や意図を相手方に秘して犯罪を実行するように働きかけ，相手方がこれに応じて犯罪の実行に出たところで現行犯逮捕等により検挙するもの（最決平16.7.12）をいう。

38. おとり捜査は，詐術的なものに基づいているものではあるが，犯人が自分自身の意思で行動している以上，任意捜査といえる。そして，任意捜査であっても，「必要な」（197Ⅰ本文）限度でなされなければならないから，その適法性は，おとり捜査によって得られる公益（犯罪摘発による秩序維持＝犯人検挙の必要性）と失われる法益の比較衡量によって決する。その際，①検挙しようとする犯罪の内容や罪質，当該犯罪による直接の被害者の有無，②おとり捜査を必要とする具体的事情，他の捜査方法によることの困難性，③相手方への働き掛けの手段やその強度，犯罪が行われる嫌疑の有無や程度等を考慮する。

    cf. 判例（最決平16.7.12）は，「少なくとも，直接の被害者がいない薬物犯罪等の捜査において，通常の捜査方法のみでは当該犯罪の摘発が困難である場合に，機会があれば犯罪を行う意思があると疑われる者を対象におとり捜査を行うことは，刑訴法197条1項に基づく任意捜査として許容されるものと解すべきである」と述べている。

39. 被疑者を法に決められた短期間拘束する身柄拘束処分をいう。

40. ①通常逮捕（199Ⅰ），②緊急逮捕（210），③現行犯逮捕（212，213）

41. ①「被疑者が罪を犯したことを疑うに足りる相当な理由がある」こと（199Ⅰ本文）（逮捕の理由）

  ②「明らかに逮捕の必要がないと認めら」れないこと（199Ⅱただし書）（逮捕の必要性）

  →「逮捕の必要がない」とは，被疑者の年齢，境遇，犯罪の軽重及び態様など諸般の事情に照らし，被疑者が逃亡する虞がなく，かつ罪証を隠滅する虞がない等の事情をいう（規143の3）。

  ③「裁判官のあらかじめ発する逮捕状によ」ること（199Ⅰ本文）

  ④「30万円（刑法，暴力行為等処罰に関する法律及び経済関係罰則の整備に関する法律の罪以外の罪については，当分の間，2万円）以下の罰金，拘留又は科料に当たる罪については，被疑者が定まつた住居を有しない場合又は正当な理由がなく前条の規定による出頭の求めに応じない場合」であること（199Ⅰただし書）

□ ／ □ ／ □ ／	**42.** **B** 　一定の軽微事件については，捜査機関の出頭要求に応じない場合に逮捕できる（＝逮捕の必要性が肯定される）とされている（199Ⅰただし書）が，それ以外の事件についてはどうか説明しなさい。
□ ／ □ ／ □ ／	**43.** **B** 　現行犯逮捕（213）の意義について説明しなさい。
□ ／ □ ／ □ ／	**44.** **B** 　現行犯逮捕（213）の種類について説明しなさい。
□ ／ □ ／ □ ／	**45.** **A** 　現行犯逮捕の趣旨（現行犯逮捕が令状主義の例外とされている根拠）について説明しなさい。
□ ／ □ ／ □ ／	**46.** **A** 　（狭義の）現行犯逮捕（212Ⅰ，213）の要件について説明しなさい。
□ ／ □ ／ □ ／	**47.** **B** 　現行犯逮捕（213）の判断資料として，①逮捕者が事前に得ていた資料・知識・経験（ex. 内偵の結果），②現場付近の客観的状況（犯人等の外見・挙動・犯行状況，犯罪の痕跡の有無等），③供述証拠（被害者の供述や犯人の自供）を考慮することができるかについて説明しなさい。

42.　199条1項ただし書は，一定の軽微事件については逃亡又は罪証隠滅のおそれがあるだけでは逮捕できないとして，逮捕要件を加重した趣旨であるから，被疑者が正当な理由なく出頭要求に応じない場合，そのことから直ちに逮捕することができると解することはできない。しかし，逮捕の必要についての判断は，捜査の端緒の段階における時期的，時間的，資料的に種々の制約が存する中での判断であることが一般であるから，逮捕の必要の存否につき明確な判断ができない場合には，明らかに逮捕の必要がないとはいえず，一応請求を容れるべきである。そこで，正当の理由のない不出頭が数回に及ぶと，これは逃亡又は罪証隠滅の疑いを相当強めるため，逃亡又は罪証隠滅のおそれがないとはいえないとして，逮捕できると解する（最判平10.9.7参照）。

43.　212条1項，2項所定の者（現行犯人）については，何人も無令状で逮捕することができる（213）。

44.　現行犯逮捕（212Ⅰ），準現行犯逮捕（212Ⅱ）

45.　①犯人であることが明白であって，誤認逮捕のおそれが低いこと，②犯人を確保し，犯罪を制圧するなど直ちに逮捕する必要性が大きいことをいう。

46.　「現に罪を行い，又は現に罪を行い終わった者」（212Ⅰ，213）である。かかる文言及び誤認逮捕のおそれが低いという現行犯逮捕が令状主義の例外とされている根拠に鑑みれば，犯罪が行われたことを逮捕者が現認したか，それに準じる状況が必要である。具体的には，①特定の犯罪が現に行われていること，又は行われた直後であること（犯罪の現行性あるいは時間的接着性），②犯罪が行われていること又は行われたことが明白であること，被逮捕者がその犯人であることが逮捕者自身にとって明白であること（犯罪及び犯人の明白性）が要件となる。
　加えて，現行犯でも，身元が確実で明らかに逃亡のおそれがなく，かつ罪証隠滅の可能性もないと明らかに認められる場合はあり得るから，③逮捕の必要性も要件となる（通説，大阪高判昭60.12.18）。

47.　①考慮できるとするのが一般。
②考慮できるとするのが一般。
③考慮できる（反対説も有力）が，補充的に考慮し得るにとどまると解されている。

☐　／
☐　／
☐　／　　**48.** 🅱　準現行犯逮捕（212Ⅱ，213）の要件について説明しなさい。

☐　／
☐　／
☐　／　　**49.** 🅱　「犯人として追呼されているとき」（212Ⅱ①）の意義について説明しなさい。

☐　／
☐　／
☐　／　　**50.** 🅱　「贓物又は明らかに犯罪の用に供したと思われる兇器その他の物を所持しているとき」（212Ⅱ②）の意義について説明しなさい。

☐　／
☐　／
☐　／　　**51.** 🅱　「身体又は被服に犯罪の顕著な証跡があるとき」（212Ⅱ③）の意義について説明しなさい。

☐　／
☐　／
☐　／　　**52.** 🅱　「誰何されて逃走」（212Ⅱ④）の意義について説明しなさい。

☐　／
☐　／
☐　／　　**53.** 🅱　準現行犯逮捕（212Ⅱ，213）の判断資料について説明しなさい。

☐　／
☐　／
☐　／　　**54.** 🅱　緊急逮捕（210）の要件について説明しなさい。

48. ①212条2項各号のいずれかに該当すること，②「罪を行い終わってから間がないと明らかに認められる」こと（212Ⅱ柱書）である。②に関しては，誤認逮捕のおそれが低いという許容理由（現行犯逮捕が令状主義の例外とされている根拠）は，準現行犯逮捕についても同様に妥当するから，(a)罪を行い終わってから間もないと認められること（時間的接着性）に加え，(b)時間的接着性及び犯人がその特定の犯罪を行った犯人であることが逮捕者にとって明らかであること（時間的接着性の明白性，犯罪及び犯人の明白性）が必要である。

　加えて，現行犯でも，身元が確実で明らかに逃亡のおそれがなく，かつ罪証隠滅の可能性もないと明らかに認められる場合はあり得るから，③逮捕の必要性も要件となる（通説，大阪高判昭60.12.18）。

49. その者が犯人であることを明確に認識している者より逮捕を前提とする追跡ないし呼号を受けている場合をいう。

50. 臓物等を事実上支配していることをいう。

51. 身体又は被服にその犯罪を行ったことが客観的に明らかな痕跡が認められるときをいう。

52. 通常人であるなら危険を感じて逃走したりしないような場合に逃げ出すことをいう。

53. 準現行犯逮捕は，（狭義の）現行犯逮捕より時間的（場所的）接着性が緩和されているため，現場の客観的状況のみから要件を判断することは事実上不可能である。そこで，逮捕者がそれまでに得ていた情報に加え，1号から4号に該当する事実を含む現場の具体的状況から判断すべきである（供述証拠等も用いることができる）。

54. ①「死刑又は無期若しくは長期3年以上の懲役若しくは禁錮に当たる罪」であること。
　②「罪を犯したことを疑うに足りる充分な理由」があること。
　③「急速を要し，裁判官の逮捕状を求めることができない」こと。
　④「その理由を告げ」ること。
　⑤「直ちに裁判官の逮捕状を求める手続をし」たこと（210）。

☐ / ___ ☐ / ___ ☐ / ___	**55.**	**B**	勾留（207，60Ⅰ）の意義について説明しなさい。

☐ / ___ ☐ / ___ ☐ / ___	**56.**	**B**	勾留（207，60Ⅰ）の種類について説明しなさい。

☐ / ___ ☐ / ___ ☐ / ___	**57.**	**B**	勾留（207，60Ⅰ）の目的について説明しなさい。

☐ / ___ ☐ / ___ ☐ / ___	**58.**	**B**	勾留（207，60Ⅰ）の要件について説明しなさい。

☐ / ___ ☐ / ___ ☐ / ___	**59.**	**B**	勾留（207，60Ⅰ）の期間について説明しなさい。

☐ / ___ ☐ / ___ ☐ / ___	**60.**	**B**	「やむを得ない事由」（208Ⅱ）とはいかなる場合を指すかについて説明しなさい。

☐ / ___ ☐ / ___ ☐ / ___	**61.**	**B**	余罪捜査を理由として勾留延長（208Ⅱ）できるか，説明しなさい。

☐ / ___ ☐ / ___ ☐ / ___	**62.**	**B**	10日よりも短期の勾留状を発付することができるかについて説明しなさい。

1
捜
査

55. 被疑者・被告人を比較的長期間拘束する裁判及びその執行のことをいう。

56. ①起訴前の被疑者段階で拘束される被疑者勾留（起訴前勾留），②起訴後被告人となってから拘束される被告人勾留（起訴後勾留）をいう。

57. ①被疑者・被告人の逃亡防止，②罪証隠滅の防止をいう。取調べは勾留の目的に入らないとするのが多数説である。

58. ①「罪を犯したことを疑うに足りる相当な理由」があること（207，60Ⅰ）。
②60条1項各号の一に当たること（207，60Ⅰ）。
→「30万円（刑法，暴力行為等処罰に関する法律…及び経済関係罰則の整備に関する法律…の罪以外の罪については，当分の間，2万円）以下の罰金，拘留又は科料に当たる事件については，被告人が定まつた住居を有しない場合に限」る（207，60Ⅲ）。
③「勾留の必要」があること（207Ⅰ，87）。
④逮捕の先行（逮捕前置主義）（207Ⅰ本文）。
⑤被疑「事件を告げこれに関する陳述を聴いた」こと（勾留質問，207Ⅰ，61）。

59. 勾留を請求してから10日（208Ⅰ）が原則。「やむを得ない事由」があるときは10日を限度として延長できる（208Ⅱ）。一定の罪に当たる事件についてはさらに5日を限度として延長できる（208の2）。

60. 事件が複雑困難なものであったり，必要な証拠の収集が困難であったりするなどして，勾留期間を延長して捜査しなければ検察官が事件の処分を決すること（起訴するか否か，起訴する場合には公判請求するか略式命令を請求するか）ができない場合を指す（最判昭37.7.3）。

61. 事件単位原則からは基本的には認められないが，同種余罪であるなど一括処理の必要性の事情があれば例外的に認められる。

62. このような勾留状の発付を認める規定がないし，勾留の理由・必要性が消滅した場合には釈放すれば足りる（208Ⅰ類推）から，10日よりも短期の勾留状を発付することはできない（大阪地決昭40.8.14）。

☐ /	63.	**B**	逮捕に対して準抗告ができるかについて説明しなさい。
☐ /			
☐ /			

☐ /	64.	**A**	逮捕前置主義について説明しなさい。
☐ /			
☐ /			

☐ /	65.	**B**	逮捕前置主義の根拠・趣旨について説明しなさい。
☐ /			
☐ /			

☐ /	66.	**A**	A罪（ex. 窃盗罪）で逮捕した被疑者を，後に発覚したB罪（ex. 殺人罪）で勾留請求することができるかについて説明しなさい。
☐ /			
☐ /			

☐ /	67.	**A**	A罪（ex. 窃盗罪）で逮捕して，A罪に逮捕を経ていないB罪（ex. 殺人罪）の事実を付加して勾留することは許されるかについて説明しなさい。
☐ /			
☐ /			

☐ /	68.	**B**	違法逮捕に基づく勾留請求の可否について説明しなさい。
☐ /			
☐ /			

63. 逮捕は短時間の身柄拘束処分であり準抗告になじまないこと，及び429条1項2号反対解釈から，逮捕に対して準抗告はできない（最決昭57.8.27）。

64. 被疑者の勾留を請求するには，同一事実について，既に被疑者が逮捕されていることを要する。

65. ①207条1項は，逮捕から引き続いて検察官が請求するという形でしか勾留を予定していない（「前3条の規定による」），②捜査の初期段階における身柄拘束の必要性が流動的であることに鑑み，比較的短期の身柄拘束である逮捕を勾留に先行させることにより，裁判官の判断を経て勾留させることが可能となり，もって不必要な身柄拘束を回避する。

66. 刑事訴訟法の諸規定（199，200，210，60，61，64など）が事件単位を予定していることや，逮捕前置主義の趣旨を全うすべきことからすれば，逮捕・勾留の効力は，原則として逮捕状（勾留状）に記載されている犯罪事実についてのみ及び，それ以外の同一性のない事実には及ばないと解すべきである（事件単位説）。そして，同一「事件」といえるか否かは，「公訴事実の同一性」（312 I）をもって決せられる。

事例では，A罪での逮捕の効力は，B罪には及ばないため，B罪については逮捕が前置されておらず，逮捕前置主義の要請に反する。

67. A罪だけでも勾留請求できるし，B罪について再び逮捕・勾留がなされるよりも，拘束時間の点で被疑者に有利であるから，付加して勾留することは許される。しかし，あくまでもA罪の事実が勾留の基本であるから，A罪の事実につき勾留の理由又は必要性がなくなれば，勾留の根拠を欠くことになり，被疑者の勾留は取り消される。

68. ①法は，逮捕について準抗告を認めておらず（429 I ②反対解釈，最決昭57.8.27），勾留の裁判の際に逮捕手続にかかる違法性を判断することを前提としていること，②勾留の裁判は，本来被疑者の身柄を拘束する理由の有無を審査するものであるが，一切逮捕手続の違法を考慮しないものと解すれば，適正手続，司法の無瑕性，将来の違法捜査抑止の観点から問題があること，③法は，正当な理由なく，身柄拘束時間制限を超過した場合に，勾留請求を却下すべきであると定めており（207 Vただし書，206 II），これに匹敵する重大な違法がある場合には，勾留請求を却下すべきであることからすれば，原則として勾留請求を却下すべきであるが，逮捕の違法が軽微な場合には，これを認めてよい（通説・下級審判例（富山地決昭54.7.26など））。

□ ／ □ ／ □ ／	**69.**	**A**	逮捕・勾留の一回性の原則の意義について説明しなさい。

□ ／ □ ／ □ ／	**70.**	**B**	逮捕・勾留の一回性の原則の内容について説明しなさい。

□ ／ □ ／ □ ／	**71.**	**B**	逮捕・勾留の一回性の原則の根拠について説明しなさい。

□ ／ □ ／ □ ／	**72.**	**B**	一罪一逮捕一勾留の原則（重複逮捕・重複勾留禁止の原則）における「一罪」の意義について説明しなさい。

□ ／ □ ／ □ ／	**73.**	**B**	A事実で逮捕・勾留された被告人について，改めて常習一罪を構成するB事実について逮捕・勾留することが可能かについて，①B事実が逮捕・勾留の後（保釈中に）行われていた場合，②B事実が逮捕・勾留の前に行われていた場合に分けて説明しなさい。

□ ／ □ ／ □ ／	**74.**	**B**	再逮捕・再勾留の原則禁止の例外が認められる根拠について説明しなさい。

69. 同一犯罪事実について逮捕・勾留は1回しか許されないという原則をいう。

70. ①同一の犯罪事実につき，同時に2個以上の身柄拘束を許さないという一罪一逮捕・一勾留の原則（重複逮捕・重複勾留禁止の原則），②同一の犯罪事実による身柄拘束は異なった時点であっても1回しか許さないという再逮捕・再勾留禁止の原則をいう。

71. ①訴訟行為の一回性の原則，②同一事件について逮捕・勾留の繰り返しや重複を無条件に許せば，法が定める厳格な身柄拘束期間の制限（203以下）を無意味にし，人権保障が危うくなることをいう。

72. 実体法上一罪に対しては1個の刑罰権が発生し，公判段階においてはこれを手続単位として審理され，判決が言い渡されるのであり，起訴前段階についても基本的にこれを異にする理由はないから，実体法上一罪と解する。

73. 実体法一罪説の実質的根拠は，捜査機関の同時処理義務に求められるところ，この義務を課すことができるのは，同時処理が可能であったことを前提とするから，同時処理が不可能であった場合には，例外的に改めて逮捕・勾留することが許される（例外許容説）。
　　したがって，①の場合には，およそ同時処理の可能性がない以上，改めてB事実で逮捕・勾留することは可能である。
　　次に，②の場合，まず当然ながら，B事実が捜査機関に発覚していたのであれば，捜査機関としては同時処理が可能であった以上，改めてB事実で逮捕・勾留をすることは許されない。他方，B事実が捜査機関に発覚していなかった場合，観念的・潜在的には同時処理の可能性が認められるが，実質的には同時処理の可能性はなかったといえる。また，上記のように，一罪を実体法上一罪と解する場合の実質的根拠は捜査機関による不当な身体拘束の蒸し返しの防止にあるのだから，不当な身体拘束の蒸し返しに当たらないのであれば，改めてB事実で逮捕・勾留することが可能であると考える。このように解さなければ，逮捕・勾留の基礎となった犯罪事実と実体法上一罪を構成する犯罪事実（本件賭博行為）が勾留失効後に発覚した場合に，再逮捕・再勾留禁止の原則の例外が認められる（199Ⅲ参照）こととの均衡が図れないことからも，自説が妥当である。

74. （逮捕について）再逮捕を前提にした規定がある（199Ⅲ・規142Ⅰ⑧）。
　　（勾留について）明文はないが，逮捕前置主義（207Ⅰ）が採用されていることからすれば，再逮捕のみ認め再勾留は認められない，と両者を切り離して考えることは相当でない。

□ / ___ □ / ___ □ / ___	75.	**A**	①逮捕後，捜査機関が逮捕の理由又は必要性が消滅したとして被疑者を釈放した場合，②勾留後，勾留の理由又は必要性が消滅したとして釈放された場合，③勾留期間満了により釈放された場合について，いかなる要件で再逮捕・再勾留が認められるかについて説明しなさい。
□ / ___ □ / ___ □ / ___	76.	**B**	先行の逮捕手続が違法な場合について，いかなる要件で再逮捕・再勾留が認められるかについて説明しなさい。
□ / ___ □ / ___ □ / ___	77.	**B**	別件逮捕・勾留の意義について説明しなさい。
□ / ___ □ / ___ □ / ___	78.	**A**	別件逮捕・勾留の適法性はどのように判断するかについて説明しなさい。

1

捜

査

75. 　逮捕・勾留の期間制限を無に帰するような不当な蒸し返しにならないよう，再逮捕・再勾留の要件は厳格に判断しなければならない。具体的には，①新証拠や逃亡・罪証隠滅のおそれなどの新事情の出現により再捜査の必要があり，②犯罪の重大性その他諸般の事情から，被疑者の利益と対比してもやむを得ない場合であって，③逮捕・勾留の不当な蒸し返しといえないときに，再逮捕・再勾留を肯定する（通説）。

76. 　逮捕・勾留の期間制限の潜脱防止，違法捜査抑止の観点から，違法逮捕が先行する場合の再逮捕・再勾留の要件は適法な逮捕・勾留が先行する場合に比して，厳格に判断しなければならない。具体的には，先行逮捕の違法の程度，逮捕の必要性の程度，犯罪の重大性等の諸要素を勘案し，やむを得ない事由がある場合には，例外的に再逮捕，再勾留を認めることができる。

77. 　本件について逮捕の要件がないのに専らその取調べのため，逮捕の要件の具備している別件を利用して，ことさら逮捕・勾留することをいう。

78. 　別件基準説＝本件取調べの意図を令状審査段階で知ることは困難であり，令状裁判官に無理を強いることになりかねないし，逮捕・勾留の要件はあくまで被疑事実について判断すべきであるから，別件を基準とする。
　　本件基準説＝逮捕・勾留の目的が別罪の取調べにある場合，実質的に見て令状主義に反すること，別件逮捕・勾留の後，本件による逮捕・勾留が予定されているときは，法の定めた厳格な身柄拘束期間（203以下）を潜脱する結果となること，逮捕・勾留の目的は取調べではないので，取調べを目的とする身柄拘束は違法であることから，別件逮捕は，本件を基準に判断し，本件について取り調べる目的でなされた逮捕・勾留は，たとえ別件についての逮捕・勾留の要件が具備していても，これを違法とする。
　　新しい本件基準説（実体喪失説）１＝逮捕・勾留は起訴不起訴の決定に向けた捜査を行うための期間であるから，別件を被疑事実とする逮捕・勾留の期間が，主として本件の捜査のために利用されている場合には，令状に示された被疑事実による身柄拘束としての実体を失い，身柄拘束期間が主として利用された方の被疑事実による身柄拘束になっていると評価すべきであるとする。
　　新しい本件基準説（実体喪失説）２＝（余罪取調べにおける令状主義潜脱説から）余罪取調べの状況等から逮捕・勾留自体が違法と判断されれば，違法な身柄拘束を利用した取調べも違法となる。

□ ／
□ ／　　79.　**B**　　違法な別件逮捕・別件勾留後の本件に基づく逮捕の可
□ ／　　否について説明しなさい。

□ ／
□ ／　　80.　**A**　　逮捕・勾留されている被疑者の取調受忍義務の有無に
□ ／　　ついて説明しなさい。

□ ／
□ ／　　81.　**B**　　余罪取調べの可否及び限界について説明しなさい。
□ ／

□ ／
□ ／　　82.　**B**　　逮捕に対する被疑者の防御方法について説明しなさい。
□ ／

79. 　逮捕・勾留の期間制限の潜脱防止，違法捜査抑止の観点から，違法逮捕が先行する場合の再逮捕・再勾留の要件は適法な逮捕・勾留が先行する場合に比して，厳格に判断しなければならない。具体的には，先行逮捕の違法の程度，逮捕の必要性の程度，犯罪の重大性等の諸要素を勘案し，やむを得ない事由がある場合には，例外的に再逮捕，再勾留を認めることができる。

　ただし，仮に，再逮捕・再勾留が認められる場合でも，勾留期間（勾留延長期間）から，本件取調べに費やした期間を控除すべきである。

80. 　肯定説＝①198条1項ただし書反対解釈，②被疑者に供述義務まで課すものではないから，黙秘権侵害には当たらないことから，取調受忍義務を肯定する。

　否定説＝①取調受忍義務を肯定すると，被疑者に供述義務はないといっても，実質的には供述を強いるのと異ならず，黙秘権を侵害することになること，②198条1項は「取調室」への出頭規定ではなく「捜査機関」への出頭規定であり，既に捜査機関に身柄拘束されている被疑者には出頭・退出は問題とならないため，当然のこととして除いたものと解すべきであることから，取調受忍義務を否定する。

81. 　A説＝①（取調受忍義務肯定説から）参考人取調べに関する223条2項が198条1項ただし書を準用していること，②逮捕・勾留は人に対する強制処分であることから，無条件に取調受忍義務を課した（強制処分としての）余罪取調べを肯定する。

　B説＝取調受忍義務否定説から，任意処分である限りにおいて，余罪取調べには限界がないとする。

　C説＝被疑事件と余罪事件を区別して考える見解（事件単位説）。

　D説＝令状主義を潜脱すると称し得るような段階にたち至っている場合，換言すれば違法な別件逮捕・勾留による取調べとなるような場合には，違法として禁止される（令状主義潜脱説）。令状主義の潜脱に当たるか否かは，①本罪と余罪の関係，②罪質・軽重の相違，③余罪の嫌疑の程度，④その取調べの態様等を総合して判断する。

82. 　①逮捕理由と逮捕された場合における自己の権利を知る権利（203）。

　②弁護人選任権（30），弁護人との接見交通権（39Ⅰ）。

　③逮捕に重大な違法がある場合には，勾留への準抗告（429Ⅰ②）。

　cf. 逮捕状によって逮捕された被疑者は，39条1項に規定する者以外の者と接見する権利を有しない（80参照）。

□ /	**83.**	**B**	勾留に対する被疑者の防御方法について説明しなさい。
□ /			
□ /			

□ /	**84.**	**B**	物的証拠の収集・保全の種類について説明しなさい。
□ /			
□ /			

□ /	**85.**	**B**	「捜索」の意義について説明しなさい。
□ /			
□ /			

□ /	**86.**	**B**	「差押え」の意義について説明しなさい。
□ /			
□ /			

□ /	**87.**	**B**	「領置」の意義について説明しなさい。
□ /			
□ /			

□ /	**88.**	**B**	「提出命令」の意義について説明しなさい。
□ /			
□ /			

□ /	**89.**	**B**	「検証」の意義について説明しなさい。
□ /			
□ /			

83. ①勾留理由開示請求（207Ⅰ・82）
　　　勾留されている被疑者に対して，裁判官が，公開の法廷で勾留の理由を開示する制度（憲34後段，法207Ⅰ・82以下）。
　②勾留の取消請求（207Ⅰ・87）
　　　ⓐ勾留の理由又は必要がなくなったときに，被疑者・弁護人等は勾留の取消しを請求できる（207Ⅰ・87），ⓑ裁判官は職権で取消しができる（207Ⅰ・87），ⓒ勾留が不当に長くなったときは，理由又は必要が消失していなくとも，勾留を取り消す義務がある（207Ⅰ・91）。
　③勾留の執行停止（207Ⅰ・95）
　　　裁判官は，適当と認めるときは，勾留中の被疑者を親族その他の者に委託し，又は被疑者の住居を制限して，勾留の執行を停止することができる（207Ⅰ・95）。
　④勾留の裁判に関する準抗告（429Ⅰ②）
　　　勾留の裁判に対しては，準抗告により検察官又は被疑者からその取消し・変更を請求することができる（429Ⅰ②）。
　⑤接見交通権（39，80）

84. 「捜索」（221Ⅰ，102），押収（「差押え」（99Ⅰ，218Ⅰ，220Ⅰ，222Ⅰ），「領置」（101，221），「提出命令」），「検証」（218Ⅰ），「鑑定」（223Ⅰ）をいう。

85. 一定の場所，物又は人の身体について，物又は人の発見を目的として行われる強制処分（222Ⅰ・102）をいう。

86. 所有者・所持者・保管者の占有を強制的に排除して，物の占有を強制的に取得し，保持する処分（99Ⅰ・218Ⅰ，220Ⅰ，222Ⅰ）をいう。

87. 遺留物や任意提出物の占有を取得し，保持する処分（101・221）をいう。

88. 差押えの対象となる物を指定し，所有者，所持者又は保管者にその物の提出を命じる裁判（99Ⅲ，100ⅠⅡ）をいう。

89. 場所，物又は人について，強制的にその形状・性質を五官の作用で感知する処分（218Ⅰ）をいう。

☐ ／
☐ ／　　**90.**　**B**　「鑑定」の意義について説明しなさい。
☐ ／

☐ ／
☐ ／　　**91.**　**B**　捜索の一般的要件について説明しなさい。
☐ ／

☐ ／
☐ ／　　**92.**　**B**　差押えの対象について説明しなさい。
☐ ／

☐ ／
☐ ／　　**93.**　**B**　令状による捜索・差押えの要件について説明しなさい。
☐ ／

☐ ／
☐ ／　　**94.**　**A**　捜索差押許可状における捜索場所の記載について，どの程度の特定を要するかについて説明しなさい。
☐ ／

90. 　特別の知識経験を有する者による，事実の法則又はその法則を具体的事実に適用して得た判断の報告（223 I）をいう。

91. 　①被疑者については「必要があるとき」（222 I，102 I）。
　　②それ以外の者については「押収すべき物の存在を認めるに足りる状況のある場合」（222 I，102 II）。

92. 　差押えの対象は，「証拠物」又は「没収すべき物と思料するもの」（222 I・99 I）であり，有体物と解されている（通説）。また，被疑事実と関連性のない物は差し押さえることができない。

93. 　①「正当な理由」（憲35 I）の存在
　　　　特定の犯罪の嫌疑の存在，押収目的物であること（押収についての「正当な理由」），及びその存在（の蓋然性）（捜索についての「正当な理由」）。刑訴法は，差押えの対象を「証拠物又は没収すべき物と思料するもの」に限定し（222 I，99 I），捜索の対象も，被疑者以外の者の身体，物，住居その他の場所につき，「押収すべき物の存在を認めるに足りる状況のある場合」に限定している（222 I，102 II）。
　　②捜索・差押えの対象の特定性（憲35 I，法219 I）
　　③捜索・差押えの必要性（218 I）
　　　　犯罪の態様や軽重，対象物の重要性の程度，捜索・差押えを受ける者の不利益の大小など諸般の事情に照らして，明らかに捜索・差押えの必要がないと認められる場合には，司法的抑制の観点から，裁判官は捜索差押令状の請求を却下すべき（最決昭44.3.18）。
　　cf. 被疑者を含む関係者の名誉保護，捜査の秘密保持，捜査の迅速性・実効性の確保から，被疑事実の要旨は捜索差押許可状の記載事項ではない。

94. 　捜索令状に「捜索すべき場所」（憲35 I，法219 I）の特定を要求した趣旨は，人の住居権・管理権の保護（執行に当たる捜査機関に権限の範囲を周知・徹底させて恣意を防ぎ，一般的探索のような権限濫用を抑制すること，処分を受ける者に受忍の限度を明らかにし，違法があった場合の事後の裁判所への不服申立て（430）を効果的にさせること）にあるため，できる限り具体的，個別的に特定することが必要であるが，捜索差押えは捜査の初期段階に行われるため，捜査機関に対して令状請求段階で厳格な特定を要求するのが困難な場合がある。そこで，合理的に解釈してその場所を客観的に特定し得る程度に記載することを必要とするとともにその程度の記載があれば足りる（最決昭30.11.22）。具体的には，空間的位置を明確にするとともに，住居権・管理権の個数を基準に特定明示すべきであり，同一人のものであれば数室分を包括して記載してもよいが，アパート等では占有者の区分ごとに特定すべきである。

☐ ／
☐ ／　**95.** **B** 　捜索差押許可状における差押対象物の記載について，
☐ ／　　　　　　　どの程度の特定を要するかについて説明しなさい。

☐ ／
☐ ／　**96.** **B** 　捜索差押許可状における特別法違反の罪名の記載方法
☐ ／　　　　　　　について説明しなさい。

☐ ／
☐ ／　**97.** **B** 　捜索差押許可状の捜索場所を甲宅とした場合，捜索差
☐ ／　　　　　　　押執行中に甲宅に宅配された配達物にも同許可状の効力
　　　　　　　　　が及ぶかについて説明しなさい。

☐ ／
☐ ／　**98.** **B** 　令状の事後呈示の可否について説明しなさい。
☐ ／

☐ ／
☐ ／　**99.** **A** 　「必要な処分」（222Ⅰ，111）の意義について説明しな
☐ ／　　　　　　　さい。

95. 　捜索令状に「押収する物」ないし「差し押さえるべき物」（憲35Ⅰ，法219Ⅰ）の特定を要求した趣旨は，執行に当たる捜査機関に権限の範囲を周知・徹底させて恣意を防ぎ，一般的探索のような権限濫用を抑制するとともに，処分を受ける者に受忍の限度を明らかにし，違法があった場合の事後の裁判所への不服申立て（430）を効果的にさせることにあるが，捜索差押えは捜査の初期段階に行われるため，捜査機関に対して令状請求段階で厳格な特定を要求するのが困難な場合がある。そこで，ある程度包括的な記載も許されるが，その場合でもできるだけ具体的物件を例示して特定を図るべきである。具体的には，できる限り具体的な物件を例示し，その例示に準じるものを指すことが明らかである場合には，「その他本件に関係ある文書，物件」という記載方法も許される（最大決昭33.7.29）。

96. 　適用法条を示して罪名を記載することは憲法の要求ではないこと（法219では「罪名」を示すことしか求められていない），特別法犯の場合には一般名称がない場合が多いことからすれば，特別法違反の場合は，「特別法違反（ex. 地方公務員法違反）」とだけ記載すればよい（最大決昭33.7.29）。

97. 　219条１項が捜索差押許可状に捜索すべき場所を記載するとしている趣旨は，憲法35条１項の保障する住居の不可侵を保障することにあるところ，捜索差押執行中に甲宅に宅配された配達物を捜索することは，新たな住居権・管理権の侵害を生じるものではなく，新たな令状を必要とする理由はない。また，捜索差押許可状には捜索場所の記載を要するが，対象物がいつ当該場所に持ち込まれたかは問題としていない（有効期間内であればいつでも可）。さらに，令状呈示の趣旨は，手続の明確性と公正を担保するとともに，裁判に対する不服の機会を与えることにあるにすぎず，令状の呈示という行為自体に，呈示の時点に捜索場所に存在する物に許可状の効力を限定するという機能はない。よって，捜索差押執行中に甲宅に宅配された配達物にも同許可状の効力が及ぶと解する（最決平19.2.8）。

98. 　110条は，捜索差押えを受ける者に対して，その内容を了知させることにより，手続の明確性と公正を担保し，不服申立てなどの機会を確保してその利益を保護する趣旨であるから，原則として事前呈示であるが，捜索及びそれに引き続く差押えの実効性が損なわれるおそれがあるような場合にまで，事前の呈示を要求すべきでないから，事前呈示を行うことによって捜索・差押えの実効性が失われるような場合は，着手後速やかに令状の呈示を行うことを条件に適法としてよい（最決平14.10.4参照）。

99. 　「必要な処分」（222Ⅰ，111）とは，捜索・差押えの目的を達するために合理的に必要な範囲の付随処分であり，行うことができる行為の限界は，制約される法益と処分の必要性を比較衡量して決すべきである。制約される法益とは，被捜索者が受ける不利益の内容，財産的損害を指し，処分の必要性とは，被疑事実の内容，差押対象物件の重要性，差押対象物件に係る破棄隠匿のおそれ，被捜索者の協力態様を指す。

☐ ／
☐ ／
☐ ／ 　**100.** **B** 　搜索場所への立入りに際し，宅配便の配達を装って扉を開けさせる行為は適法かについて説明しなさい。

☐ ／
☐ ／
☐ ／ 　**101.** **B** 　①差し押さえた磁気ディスクやフロッピー・ディスクを捜査機関が自己の所有するコンピュータを用いてアウトプットすること，②差押えの現場で，被処分者のコンピュータを利用して情報をプリントアウトするというようなアウトプットの方法，③被処分者ないしその他の関係者に対する協力を強制することの可否について説明しなさい。

☐ ／
☐ ／
☐ ／ 　**102.** **A** 　差し押さえるべき物を「組織的犯行であることを明らかにするための磁気記録テープ，フロッピーディスク，パソコン一式」とする捜索差押許可状の発付を得た上で搜索を行った結果，組織的関与を裏付ける情報が記録されている蓋然性が高いと認められるフロッピーディスク100枚が発見されたため，現場でその内容を確認することなく差し押さえた。このように，被疑事実との関連性（222 I，99 I）を確認することなく，包括的に差し押さえることは許されるかについて説明しなさい。

100. 　捜査官が来たと知れば直ちに証拠隠滅等の行為に出ることが予測される場合もあるし，特に薬物犯罪などでは，短時間で容易に証拠隠滅が可能であるため，執行に不可欠な事前行為である。また，111条1項が解錠を明文で認めているところ，欺罔により錠をはずさせる行為は錠の破壊に比べて執行を受ける者に対する被害がより少ない方法であるため，社会的により相当な方法といえる。よって，「必要な処分」（222Ⅰ，111）として適法である（大阪高判平6.4.20）。

　　cf. マスターキーで解錠する行為も同様に適法と解したものがある（最決平14.10.4）。

101. 　①差押令状の発付がある以上，「必要な処分」（222Ⅰ，111Ⅱ）として許される。

　②目的達成のための必要最小限度で，社会的に相当な方法でなされたアウトプットは，「必要な処分」（222Ⅰ，111Ⅰ）として許されるが，アウトプットした媒体（令状に記載なし）を差し押さえることは違法であると解されていた。しかし，平成23年改正により，差し押さえるべき物が電磁的記録に係る記録媒体であるときは，差押状の執行をする者は，その差押えに代えて@差し押さえるべき記録媒体に記録された電磁的記録を他の記録媒体に複写し，印刷し，又は移転した上，当該他の記録媒体を差し押さえること又は⑥差押えを受ける者に差し押さえるべき記録媒体に記録された電磁的記録を他の記録媒体に複写させ，印刷させ，又は移転させた上，当該他の記録媒体を差し押さえることができるものとされた（110の2，222Ⅰ）ため，この問題は立法的に解決された。

　③改正前は，協力義務を定めた規定が存しないことから，協力を強制することはできず，任意の協力を求めるしかないと解されていた。しかし，平成23年改正により，差し押さえるべき物が電磁的記録に係る記録媒体であるときは，差押状又は捜索状の執行をする者は，処分を受ける者に対し，電子計算機の操作その他の必要な協力を求めることができることとされたため，この問題は立法的に解決された（111の2，222Ⅰ。ただし，未だに協力を拒まれた場合にこれを強制する手段はない）。

102. 　捜索・差押許可状に捜索・押収する物の明記が要求された趣旨は，被執行者に受忍範囲を明示する必要を満たし，かつ被疑事実に関連しない一般的・探索的な捜索押収を禁止し，被処分者のプライバシー・財産権等の人権を確保しようとする点にある。そうすると，被疑事実との関連性を確認しないで一般的包括的に差押えをすることは許されないのが原則である（「必要な処分」（222Ⅰ，111Ⅰ Ⅱ）として，ディスクの内容をプリントアウトして，具体的内容・範囲を特定する等した上で，被疑事実と関連する物だけを差し押さえるべき）。

　しかし，被疑事実と関連する物を選別するためには時間を要し，かつ，電磁的記録は処理，加工，消去が容易であるため，被処分者やその関係者らによる罪証隠滅の危険が大きい。そこで，被疑事実に関する情報が記載されている蓋然性が認められる場合において，そのような情報が実際に記録されているかをその場で確認していたのでは記録された情報を損壊される危険があるときは，例外的に許容される（最決平10.5.1）。

☐　／
☐　／　　**103.** **B**　　捜索・差押え時に無令状の写真撮影を行うことは可能
☐　／　　かについて説明しなさい。

☐　／
☐　／　　**104.** **B**　　捜索・差押え時に無令状の写真撮影が違法に行われた
☐　／　　場合，準抗告をすることができるかについて説明しなさ
い。

☐　／
☐　／　　**105.** **A**　　Yに対する覚せい剤営利目的所持罪の疑いで，Y及び
☐　／　　その内縁の夫Xの居住するマンションの居室を捜索場所
とする令状により，同室を捜索していたところ，Xがボ
ストンバッグを手にしていたため再三任意提出するよう
求めたが，Xがこれを拒否したため，身体を制圧して強
制的にバッグを取り上げその中を捜索した。また，偶然
Y宅に居合わせたYの友人Zが持参し，床に置いていた
鞄を捜索した。かかる捜索の適法性（「場所」に対する令
状で「物」を捜索することの可否）について説明しなさい。

☐　／
☐　／　　**106.** **B**　　場所に対する令状による捜索場所に偶然居合わせた第
☐　／　　三者に対する捜索の実施方法について，当該第三者が証
拠隠滅行為を行った場合を含めて説明しなさい。

1
捜
査

103. 一般に，他人の住居内における写真撮影の性質は検証（218 I）であり，検証令状を得て，差押目的物の写真撮影を行うべきである。もっとも，捜査の実効性の観点から，執行状況の適法性を記録しておいたり，差押えに際しての証拠価値を保全したりするために，執行状況や，その証拠物の発見場所や存在状況を写真撮影しておく必要がある。また，捜索・差押えを受ける者にとってプライバシーの侵害は，捜索・差押えの実施に不可避的に伴うから，その範囲内である限り受忍限度内であるといえる。そこで，証拠物の証拠価値を保存するため，あるいは手続の適法性の担保のための写真撮影であれば，捜索・差押えに付随するものとして，令状の効力（又は「必要な処分」）によって許容される。

104. 「押収…に関する処分」（430 I）ではないため，準抗告はできない（最決平2.6.27）。ただし，文書の内容を逐一撮影したような場合には，実質的には文書の差押えと同じであるから，「押収…に関する処分」に該当する場合がある（同決定補足意見）。

105. 差し押さえるべき物が存在すると思われる物（ex. 机）に対して，1つ1つ令状を取るのは煩雑にすぎるし，法が捜索すべき場所を特定した理由は，その場所に対するプライバシーを保護する点にその趣旨があるところ，住居内にある物に関するプライバシーは住居に関するプライバシーに包摂されていると見ることができるから，令状の効力は，当該場所の住居権者が管理している（と推認される）物に対して及ぶ（最決平6.9.8）。
　Xに対する捜索については，住居権者が携帯する物は，もともと捜索場所にあったものと推認でき，それが捜索場所に置かれているか，携帯されているかは，偶然の事情にすぎないため，当該場所の住居権者が管理している物に当たり，適法である。他方，Zに対する捜索については，住居権者が管理している物に当たらないため，違法である。

106. 職務質問を実施して，今，現在誰が管理している物かを確認すべきである。ただし，捜索場所に置かれている物に関しては，住居権者の管理する物であるとの推認が働くから，逐一確認する必要はなく，居合わせた第三者が所持していたり，その所有を主張しているなど，居合わせた第三者の所有物であるとの疑いがある場合に確認すれば足りる。
　一方，居合わせた第三者が証拠隠滅行為を行った場合には，令状の効力として必要最小限の有形力を行使することはできるから，証拠隠滅行為を防止するため，かかる行為を制止した後，職務質問（及び所持品検査）を行うべきである。

□ /	**107.** **A** 　場所に対する令状で身体を捜索することができるかについて説明しなさい。
□ /	
□ /	

□ /	**108.** **B** 　逮捕に伴う捜索・差押え（220）の要件について説明しなさい。
□ /	
□ /	

□ /	**109.** **A** 　逮捕に伴う捜索・差押え（220）を無令状で行うことができる根拠について説明しなさい。
□ /	
□ /	

□ /	**110.** **A** 　逮捕に伴う捜索・差押え（220）の時間的限界（「逮捕する場合」（220 I 前段）の意義）について説明しなさい。
□ /	
□ /	

□ /	**111.** **A** 　逮捕に伴う捜索・差押え（220）の場所的限界（「逮捕の現場」（220 I ②）の意義）について説明しなさい。
□ /	
□ /	

107. 　住居に関するプライバシーと身体に関するプライバシーは別個のものであるし，身体を捜索する場合には人身の自由に対する。

　　制約も観念されるため，原則として許されないが，妨害行為がなされた場合には，令状の効力（又は「必要な処分」）として，当然にこれを排除することができる。そこで，捜索・差押場所にいる者が捜索・差押えの目的物を隠匿したものと認められる場合（そのように疑うに足りる相当な理由がある場合）を除き，許されないと解する。

108. ①「第199条の規定により被疑者を逮捕する場合」，「現行犯人を逮捕する場合」又は「第210条の規定により被疑者を逮捕する場合」

②「必要があるとき」

③「逮捕の現場」

109. 　相当性説（判例？合理性説，蓋然性説）＝逮捕の現場には証拠の存在する蓋然性が高いので，合理的な証拠収集手段として認められたとする。

　相当性説（判例？合理性説，蓋然性説）＝逮捕の現場には証拠の存在する蓋然性が高いので，合理的な証拠収集手段として認められたとする。

　緊急処分説＝被逮捕者の抵抗を抑圧し，逃亡を防止し，同時に現場の証拠の破壊を防止するための緊急の必要性から無令状捜索・差押えが認められたとする。

110. 　相当性説＝逮捕の時点が逮捕場所に証拠が存在する客観的蓋然性に影響を及ぼすことはないから，逮捕の現実的可能性がある限り，その時間的前後関係を問わず，広い範囲で認められる。具体的には，ⓐ逮捕行為の着手前，ⓑ逮捕行為完了後を問わないし，ⓒ仮に逮捕行為に失敗し，被疑者が逮捕に着手した場所から逃走した後でも，その場所において，捜索・差押えが可能である。

　緊急処分説＝証拠隠滅等を防ぎ，証拠を保全する緊急の必要性を理由として，無令状による捜索・差押えを許容するものであるから，原則として同時並行性（厳格な時間的接着性）を要求する。具体的には，ⓐ逮捕行為の前は，被疑者がその場に現在し，かつ，着手が現実に見込まれる（着手直前）という厳しい条件が必要であるし，ⓑ逮捕が完了し，被逮捕者による証拠隠滅等の危険性が失われた場合には，それ以降の捜索・差押えもできない。また，ⓒ被疑者が逃亡した場合も，捜索差押えはできない。

111. 　相当性説＝捜索差押許可状を請求すれば許容されるであろう関連性のある相当な場所的範囲をいい，一般的には，逮捕現場の管理者のその同一の管理権が及ぶ範囲内の場所であるとされ，逮捕行為に着手した地点から逮捕行為が完了した地点までの全ての場所においても捜索・差押えをすることができるとされる。

　緊急処分説＝被疑者の身体又は直接の支配下にある場所に限る。ただし，緊急処分説からも，共犯者などの第三者による証拠隠滅が行われる危険性がある場合には，当該場所でも捜索・差押えをすることができると解する立場がある。

☐ ／＿＿＿
☐ ／＿＿＿　**112.** **B**　被疑者を逮捕場所から移動させた上で，捜索・差押え
☐ ／＿＿＿　を行うことは，「逮捕の現場」における捜索・差押え（220）
として許されるかについて説明しなさい。

☐ ／＿＿＿
☐ ／＿＿＿　**113.** **B**　逮捕に伴う捜索・差押え（220）の物的限界について説
☐ ／＿＿＿　明しなさい。

☐ ／＿＿＿
☐ ／＿＿＿　**114.** **B**　逮捕に伴う捜索・差押え（220）において，その場に居
☐ ／＿＿＿　合わせた第三者に対する捜索・差押えをすることは可能
かについて説明しなさい。

☐ ／＿＿＿
☐ ／＿＿＿　**115.** **B**　緊急捜索・差押えの可否について説明しなさい。
☐ ／＿＿＿

112.　一般に，人の身体に対する捜索を令状によって行う場合にも，対象者に出会った場所が捜索をなすに適切な場所でないときには，それに適する最寄りの場所で実施することは当然であるし，被疑者を連行することも令状の効力として当然に許容される。そうだとすれば，逮捕に伴う捜索・差押えの場合においても同様に解することが可能である。
　　具体的には，①逮捕した被疑者の身体又は所持品に対する捜索，差押えである場合においては，②逮捕現場付近の状況に照らし，被疑者の名誉等を害し，被疑者らの抵抗による混乱を生じ，又は現場付近の交通を妨げるおそれがあるといった事情のため，その場で直ちに捜索，差押えを実施することが適当でないときには，③速やかに被疑者を捜索，差押えの実施に適する最寄りの場所まで連行した上，これらの処分を実施することも同号にいう「逮捕の現場」における捜索，差押えと同視することができる（最決平8.1.29）。

113.　相当性説＝令状がある場合と同様に考えるため，被疑事実に関連する証拠物であれば足りる。
　　緊急処分説＝逮捕の理由となっている被疑事実に関する証拠物・没収すべき物及び武器・逃走具に限られる。
　　cf.　相当性説からしても，緊急処分説がいうような物（武器・逃走具）は当然差し押さえることができるとされる。

114.　肯定説（函館地決昭55.1.9）＝222条1項は102条を準用していること，第三者の「身体」「物」であっても，証拠物が存在する一般的類型的蓋然性は否定されないことからすれば，「押収すべき物の存在を認めるに足りる状況のある場合に限り」（222，102Ⅱ）捜索をすることができる。
　　否定説＝第三者の「身体」「物」については証拠の存在する蓋然性が類型的に低いし，102条2項の要件を検討するまでもなく，そもそも220条1項2号による捜索の対象とはなり得ないから，第三者に対する捜索は許されない。ただし，証拠物の隠匿や証拠隠滅行為を現認した（あるいは高度の蓋然性がある）場合に限り場所に対する無令状捜索に必要な付随措置として，原状回復を命ずることはできる。

115.　令状主義が潜脱されるおそれがあること，緊急逮捕には明文の規定がある（210）のに対し，緊急捜索・差押えを許容する明文の規定はないことから，許されない。この場合，①任意提出を求めて領置する（221），②改めて令状を得て差し押さえ，その間現場への出入りを禁止する（112Ⅰ），③法禁物であれば，被疑者を現行犯逮捕（212Ⅰ，213）して逮捕に伴う差押え（220Ⅰ②）をするという方法が考えられる。

□ /___		
□ /___	**116.** **B**	別件捜索・差押え（捜査機関が専ら本件の証拠収集のために，ことさら別件に名を借りた捜索差押えを行うこと）の可否について説明しなさい。
□ /___		

□ /___		
□ /___	**117.** **B**	身体検査の種類及び限界について説明しなさい。
□ /___		

□ /___		
□ /___	**118.** **B**	鑑定としての身体検査における直接強制の可否について説明しなさい。
□ /___		

□ /___		
□ /___	**119.** **A**	強制採尿の捜査方法としての許容性（強制採尿は，身体に対する危険を伴い，被疑者に屈辱感を与えるものであるため，強制採尿は強制処分としても認められないのではないか）について説明しなさい。
□ /___		

□ /___		
□ /___	**120.** **A**	強制採尿の実体要件について説明しなさい。
□ /___		

□ /___		
□ /___	**121.** **A**	強制採尿を行うのに必要な令状の種類について説明しなさい。
□ /___		

1
捜
査

116. 　別件捜索・差押えは，本件に関する司法的審査を欠き令状主義に違反するため，許されない。もっとも，捜査官の主観を推知するためには客観的事情を総合判断するしかない。具体的には，別件の事案の内容，既に収集されている証拠の量，内容，捜索・差押えにより証拠物を発見し得る見込みの程度，本件の事案の内容，嫌疑の程度，特に本件による捜索差押令状の入手の可否，実際の捜索の態様，発見収集された証拠と別件及び本件との関係等の事情といった要素によって判断する。

117. 　①身体の捜索（222Ⅰ・102）
　　　身体の捜索として許されるのは着衣の上からの捜索までである。
　②検証としての身体検査（218Ⅰ後段）
　　　裸若しくはそれに近い状態にしての身体の捜索や肛門その他の体腔の捜索まで可能である。
　③鑑定としての身体検査（223Ⅰ，225Ⅳ・168）
　　　身体の外表部分の検査にとどまらず，血液採取，嚥下物の採取，吐剤・下剤や機械器具を利用した検査など，身体内部への侵襲を伴う検査まで可能である（争いあり）。

118. 　225条は172条を準用していないし，225条4項の準用する168条6項は139条を準用していないから，直接強制の方法がない。

119. 　同程度の不利益は身体検査においてもあり得ることであるし，医師による医学的な方法によれば身体の傷害のおそれはほとんどないことから，許容される（最決昭55.10.23・通説）。

120. 　その人権制約の程度の高さに鑑み，許容要件は厳格なものである必要がある。具体的には，被疑事件の重大性，嫌疑の存在，当該証拠の重要性とその取得の必要性，適当な代替手段の不存在等の事情に照らし，犯罪の捜査上真にやむを得ないと認められることが必要である（最決昭55.10.23）。

121. 　尿は人体の一部ではないため，証拠となる有体物の発見・占有取得を目的とするものといえること，身体検査の場合と同様の人権侵害の危険性があることから，医師をして医学的に相当と認められる方法によって行わせることを令状の記載要件とする（218Ⅵ準用），条件付捜索差押許可状が必要である（最決昭55.10.23）。

☐　/
☐　/　　**122.**　**B**　強制採尿令状による強制連行の可否について説明しな
☐　/　　　　　　　　　　さい。

☐　/
☐　/　　**123.**　**B**　逮捕に伴う無令状での強制採尿の可否について説明し
☐　/　　　　　　　　　　なさい。

☐　/
☐　/　　**124.**　**A**　強制採血に必要な令状の種類について説明しなさい。
☐　/

☐　/
☐　/　　**125.**　**B**　嚥下物の差押え（レントゲン透視を行ったり，下剤を
☐　/　　　　　　　　　　用いたりして嚥下物を差し押さえる場合）に必要な令状
　　　　　　　　　　　　　の種類について説明しなさい。

☐　/
☐　/　　**126.**　**B**　物的証拠収集に対する被疑者の防御方法について説明
☐　/　　　　　　　　　　しなさい。

122. 令状を発付する裁判官は，連行の当否を含めて審査して，令状を発付したものと見られること，強制連行を認めないと強制採尿令状の目的が達成できないことから，身柄を拘束されていない被疑者を採尿場所へ任意に同行することが事実上不可能であると認められる場合に（連行の要件），強制採尿令状の効力として（法的根拠），採尿に適する最寄りの場所まで被疑者を連行することができ（連行の場所），その際に必要最小限度の有形力を行使することができる（有形力行使の可否・限界）（最決平6.9.16）。

  cf. 被疑者が身柄拘束をされている場合には，逮捕状又は勾留状の効力として当然に連行することができると解するのが実務の大勢。

123. 強制採尿は，犯罪の捜査上真にやむを得ないとして認められる場合に，最終的手段として許容されるにすぎず，その判断要素として，被疑事実の重大性，嫌疑の存在，当該証拠の重大性とその取得の必要性，適当な代替手段の不存在等の事情が挙げられるところ，とりわけ適当な代替手段の不存在との関係で，重大な疑義がある。そのため，令状を請求し，その発付を受ける時間的余裕がないと考えられるような例外的な場合でない限り，令状によらない強制採尿は許されない（通説）。

124. 尿がいずれ体外に排出される無価値なものであるのに対し，血液は人体の一部を構成し，生命の維持に不可欠なものであるため強制採尿と同様に考えることはできない。そこで，身体検査令状と鑑定処分許可状の併用で行うべきである（実務）。

125. まず，レントゲン撮影及び下剤の投与は体内にある物という証拠物を発見し取得するために行うものであるから，捜索差押えとしての性質を有しており，捜索・差押許可状（218 I）が必要である。

また，レントゲン撮影及び下剤の投与は，身体に生理的・機能的変化を生じさせ，その影響は後日まで及ぶこともある。そして，その方法は，専門的知識・技術を持つ鑑定人が鑑定に必要な処分を行うものと同視でき，その際には，人権保障の見地から慎重な手続が要請されている（225 IV，168 III，IV，VI，131）。よって，被疑者の人権保障の観点から鑑定処分許可状（225 III）も併用することが必要と考える。

そして，捜索・差押許可状には，捜索すべき場所として「被疑者の身体」，差し押さえるべき物として「嚥下物」等と記載し，捜索・差押えに関する条件として，「嚥下物の検査，採取については医師をして医学的に相当と認める方法によること」などと記載するべきである（218 VI準用）。

126. ①捜索差押令状の事前呈示（110）
②弁護人，被疑者に立会権はない（113→222 Iで準用なし）
  捜査機関は当事者を立ち会わせることはできる（222 VI）ので，立会いの申し出
③押収物の目録交付（120），（押収物がない場合）捜索証明書の交付（119）
④押収物の還付請求（123），準抗告（430）

☐ ／
☐ ／　　**127.** **B**　　被疑者取調べの要件について説明しなさい。
☐ ／

☐ ／
☐ ／　　**128.** **B**　　被告人取調べの可否について説明しなさい。
☐ ／

☐ ／
☐ ／　　**129.** **B**　　参考人取調べの要件について説明しなさい。
☐ ／

☐ ／
☐ ／　　**130.** **B**　　第1回公判期日前の証人尋問の要件について説明しな
☐ ／　　　　　　　　さい。

☐ ／
☐ ／　　**131.** **B**　　捜査に対する被疑者の防御の方法について説明しな
☐ ／　　　　　　　　い。

☐ ／
☐ ／　　**132.** **B**　　接見交通権（39Ⅰ）の内容について説明しなさい。
☐ ／

127. 「検察官，検察事務官又は司法警察職員は，犯罪の捜査をするについて必要があるときは，被疑者の出頭を求め，これを取り調べることができる」（198 I）。また，取調べに際しては，自己の意思に反して供述する必要がない旨を告知しなければならない（198 II）。

128. 明文はないが，公訴維持のために必要があるし，特に明文で禁止していないから，任意処分である限り許される（最決昭36.11.21）。そのため，198条の「被疑者」という文字にかかわりなく，起訴後においても，捜査官はその公訴を維持するために必要な取調べを行うことができる。

129. 「検察官，検察事務官又は司法警察職員は，犯罪の捜査をするについて必要があるときは，被疑者以外の者の出頭を求め，これを取り調べ，又はこれに鑑定，通訳若しくは翻訳を嘱託することができる」（223 I）。ただし，被疑者とは異なり，黙秘権の告知（198 II）も弁護人選任権の告知（203 I）もない。

130. 検察官は，次の場合には，第1回公判期日前に限る（226，227）が，強制手段として裁判官に証人尋問の請求をすることができる（尋問調書は321条1項1号書面として用いることができる）。
　①犯罪の捜査に欠くことのできない知識を有すると明らかに認められる者が，取調べに対して出頭又は供述を拒んだ場合（226）。
　②取調べに対して任意の供述をした者が，前にした供述と異なる供述をするおそれがあり，かつ，その者の供述が犯罪の証明に欠くことができないと認められる場合（227）。

131. ①黙秘権（憲38 I，法198 II）
　②積極的に捜査処分を争う権利
　　ⓐ身柄解放の請求権とⓑ捜査機関の証拠収集に対する防御の諸制度がある。
　③自らの証拠を収集・保全する権利（179，規137，138）
　④弁護人依頼権（憲34前段，法30 I，203 I等）

132. ①身体の拘束を受けている被告人又は被疑者は，弁護人又は弁護人となろうとする者と立会人なくして接見し，又は書類若しくは物の授受をすることができる（39 I）。
　②その際，被疑者の逃亡，罪証隠滅などを防ぐため必要な措置がとられることがある（39 II）。
　③捜査機関は「捜査のため必要があるとき」は，公訴の提起前に限り，接見交通の日時，場所及び時間を指定することができる（39 III本文）。
　cf. 被告人と弁護人との接見は39条3項の適用はなく，被告人との接見については，接見指定をすることができない。

| | | 133. | **A** | 「捜査のため必要があるとき」（39Ⅲ本文）の意義について説明しなさい。 |

□ /
□ /
□ /

133. **A** 「捜査のため必要があるとき」（39Ⅲ本文）の意義について説明しなさい。

□ /
□ /
□ /

134. **B** 接見指定の要件を具備する場合であっても，被疑者の防御権を不当に制限するようなものであってはならない（39Ⅲただし書）とされるが，初回接見の場合には特別な考慮が必要とされないかについて説明しなさい。

□ /
□ /
□ /

135. **B** 余罪捜査を理由とする接見指定の可否について説明しなさい。

□ /
□ /
□ /

136. **B** 接見設備がない場合，一切接見を認める必要がないかについて説明しなさい。

133. 　接見交通権は憲法の保障する弁護人選任権を実質化した重要な権利であるから，接見指定が認められるのはあくまで例外的な場合に限られること，81条との均衡（一般人との接見でさえも，理由を逃亡と罪証隠滅に限定した上，司法機関たる裁判官でなければ禁止できない）から，「捜査のため必要があるとき」とは，捜査の中断による支障が顕著な場合に限られる。具体的には，①現に取調べ中であるとか，実況見分，検証等に立ち会わせる必要がある場合，②間近い時に取調べ等をする確実な予定がある場合に顕著な支障が認められる（最大判平11.3.24）。

134. 　初回接見は，弁護人の選任を目的とし，かつ，今後捜査機関の取調べを受けるに当たっての助言を得るための最初の機会であって，憲法34条の保障の出発点を成すものであるから，これを速やかに行うことが被疑者の防御の準備のために特に重要である。したがって，弁護人と協議して即時又は近接した時点での接見を認めても捜査に顕著な支障が生じるのを避けることができるかを検討し，可能な場合は，たとえ比較的短時間であっても，留置施設の管理運営上支障があるなど特段の事情のない限り，即時又は近接した時点での接見を認めるべきである（最判平12.6.13）。
　　cf. 顕著な支障を避け難い場合には，必ずしも即時又は近接した時点での接見を認める必要がないことに留意。

135. 　被疑事件について接見指定の要件を満たす限り，これについては接見指定が可能であるのが原則である。被告人（被疑者）の身柄が1つしかない以上，これはやむを得ない。
　　ただし，被告人は訴訟の一方当事者であり，被告人の接見交通権は公判に備えた防御権行使のために必要不可欠なものであるから，捜査機関は接見指定に当たり，この点に配慮しなければならない。よって，被告事件の防御権の不当な制限にわたらない限り許される（被告事件の公判の準備のため緊急に接見する必要があるような場合など。最決昭55.4.28）。

136. 　被疑者と弁護人等との接見には，被疑者の逃亡，罪証の隠滅，戒護上の支障の発生の防止の観点からの内在的制約があるといわざるを得ないから，原則として接見を制限することもやむを得ない。
　　しかし，39条の趣旨は，接見交通権の行使と被疑者の取調べ等の捜査の必要との合理的な調整を図ろうとする点にあるのだから，即時に接見させる必要性が認められ，弁護人が即時の接見を求めているような場合には，いわゆる秘密交通権が保障されないような態様の短時間の接見（面会接見）であってもよいかどうかについて弁護人の意向を確かめ，弁護人がこれに応じたような場合には，捜査に顕著な支障が生じない限り，面会接見ができるように特別の配慮をすべき義務がある（最判平17.4.19）。
　　なお，検察庁内のいかなる場所でどのような人の立会いや方法により面会接見を実施するかについては，検察官に合理的な範囲で裁量権が認められる（名古屋高判平19.7.12）。

2　公訴・公判

☐　／　　　1.　**B**　国家訴追主義及び起訴独占主義の意義について説明し
☐　／　　　　　　　なさい。
☐　／　　　

☐　／　　　2.　**B**　起訴選別主義（検察官処分主義・起訴便宜主義）の意
☐　／　　　　　　　義について説明しなさい。
☐　／　　　

☐　／　　　3.　**A**　一罪の一部起訴の可否について説明しなさい。
☐　／　　　
☐　／　　　

☐　／　　　4.　**B**　不当な不起訴・起訴を抑制するための手段について説
☐　／　　　　　　　明しなさい。
☐　／　　　

☐　／　　　5.　**B**　公訴権濫用論について説明しなさい。
☐　／　　　
☐　／

2 公訴・公判

1.
1．国家訴追主義
　「公訴は，検察官がこれを行う」（247）。被害者などの私人による訴追を認めず，国家機関である検察官だけが起訴を行う。
2．起訴独占主義
　247条の規定は公訴提起の権限を検察官にだけ認めている。ただし，起訴独占主義に関しては，検察審査会，準起訴手続（262〜269）という例外がある。

2.
　①どの事実が犯罪を構成するものとして訴追するかの選別（検察官処分（権）主義（247））と②被疑者について訴追の必要があるかの選別（起訴便宜主義（248））の判断を検察官に委ねている。

3.
　訴因の設定・変更は検察官の専権とされていること（247，312Ⅰ），起訴猶予裁量が認められていることとの均衡（起訴便宜主義，248）から，事案の軽重，立証の難易等を考慮して一部起訴を行うことも可能である（最決昭59.1.27）。
　ただし，一部起訴も裁量権の範囲内で行われるべきであり（最判平4.9.18），裁量権の逸脱・濫用があると見られる場合には，例外的に公訴棄却をもって対処すべきである（338④）。例えば，強盗罪を暴行罪として起訴するなど，実体的真実にとって耐えられないような一部起訴は認められない。また，かすがい外しなど，検察官に濫用的意図がある場合の起訴も許されない。

4.
　①告訴人・告発人等への不起訴処分・理由の通知
　　告訴人等に対する起訴・不起訴等の通知（260），告訴人等に対する不起訴理由の通知（261）。
　②検察審査会
　③準起訴手続（付審判請求手続）

5.
　検察官による公訴権の行使が権限の濫用といえる場合には，裁判所は形式裁判（公訴棄却）で訴訟手続を打ち切るべきであるという主張をいう。

□	／	**6.**	**A**	公訴権濫用論が適用される場合として，ⓐ嫌疑なき起
□	／			訴，ⓑ起訴猶予相当事件の起訴，ⓒ違法捜査に基づく起
□	／			訴の３類型が主張されるが，これを認めるべきかについ
				て説明しなさい。

□	／	**7.**	**B**	公訴提起の手続について説明しなさい。
□	／			
□	／			

□	／	**8.**	**B**	起訴状の記載事項について説明しなさい。
□	／			
□	／			

□	／	**9.**	**B**	「公訴事実」（256Ⅱ②）の意義及び記載方法について説
□	／			明しなさい。
□	／			

□	／	**10.**	**B**	「罰条」（256Ⅱ③）の記載方法について説明しなさい。
□	／			
□	／			

---

6. ⓐ嫌疑なき起訴

　否定説（通説）＝予断排除の原則に反するし，一事不再効が及ぶとした方が被告人に有利であるから，嫌疑を欠く起訴も手続としては有効とした上，裁判所は早急に無罪の方向で処理し，被告人を刑事手続から解放すべきである。

ⓑ起訴猶予相当事件の起訴

　検察官には広範な裁量権があるが，検察官は公益の代表者であり，濫用は許されない（1，検察庁法4）ため，訴権の濫用として公訴棄却される場合もあり得る。そこで，公訴の提起自体が職務犯罪を構成するような極限的な場合に限って公訴権濫用論を認める（最決昭55.12.17）。

ⓒ違法捜査に基づく起訴

　否定説（最判昭41.7.21）＝捜査手続と公訴提起はあくまでも法律上独立した別個のものであり，捜査の違法は公訴に承継されないし，捜査過程に違法があるとすれば，その被害者の救済・違法捜査の抑制は，国家賠償や違法収集証拠の排除等の手段で図るべきであるから，認められない。

7.　「公訴の提起は，起訴状を提出してこれをしなければならない」（256 I）。

8.　①被告人の氏名その他被告人を特定するに足りる事項，②公訴事実，③罪名（256 II）。

9.　公訴事実とは，公訴において示される犯罪事実（公訴犯罪事実）をいう。「公訴事実は訴因を明示してこれを記載しなければならない。訴因を明示するには，できる限り日時，場所及び方法を以て罪となるべき事実を特定してこれをしなければならない」（256 III）。また，「数個の訴因又は罰条は，予備的に又は択一的にこれを記載することができる」（256 V）。なお，訴因とは特定・具体化された犯罪構成事実をいい，ここでいう「公訴事実」はほぼ訴因と同義である（312 I の「公訴事実」は別概念）。

10.　「罪名は，適用すべき罰条を示してこれを記載しなければならない。但し，罰条の記載の誤は，被告人の防禦に実質的な不利益を生ずる虞がない限り，公訴提起の効力に影響を及ぼさない」（256 IV）。

☐ ／
☐ ／ **11.** **B** ①氏名冒用の場合（起訴しようとした者をX，起訴状に
☐ ／ 記載されたものをYとする），②身代わり犯の場合（起訴
状記載の者をX，行動した者をY）のそれぞれについて，
誰を被告人とすべきかについて説明しなさい。

☐ ／
☐ ／ **12.** **B** 上記の事例①②において，起訴後に氏名冒用ないし身
☐ ／ 代わりが判明した場合の是正手続について，⑴冒頭手続
で判明した場合，⑵証拠調べ開始後で弁論終結前に判明
した場合，⑶有罪判決言渡し後で確定前に判明した場合，
⑷有罪判決確定後に判明した場合のそれぞれについて説
明しなさい。

11. 実質的表示説＝原則として，起訴状の記載を基準に決せられるが，起訴状の記載の他に検察官の意思・被告人としての挙動・手続の段階などを考慮し，合理的に誰が被告人かを決することが許される。

　①については，検察官が訴追しようとした者も被告人として実際に行動した者もXであり，裁判所が終始被告人として扱って判決を宣告しようとした者もXである（Yはいわば表示のみに現れた形骸にすぎない）から，被告人はXになる。

　②については，起訴状の記載がXであり，検察官の訴追意思もXについてあるから，被告人はXになる。

12. 事例①

　(1)単なる表示の誤りにすぎないとして訂正すれば足りる。

　(2)単なる表示の誤りにすぎないとして訂正すれば足りる。

　(3)Yに対しては実体判決を下したことにならないため，判決書を訂正すれば足りる。

　(4)判決の効力はX（YことX）に対して及び，Yについては何の効力も生じないため，事実上前科調書からこれを抹消すれば足りる。

事例②

　(1)冒頭手続で行われる人定質問は被告人について誤りがないかどうかを確認するための手続にすぎないため，Yについて訴訟係属は認められない。したがって，Yを訴訟手続から排除し，本来の被告人Xを召喚する。

　(2)既に実質的な審理に入った段階であり，Yに対する公訴提起はないものの，有効な訴訟係属が生じているかのような外観を呈してしまっている。そこで，Yも被告人として取り扱い，無効な公訴提起があった場合と同視して，Yに対する公訴棄却の判決をする（338④類推）。また，Xについては，本来の被告人として訴訟係属しているから，改めて出頭させ，冒頭から所定の手続を開始する。

　(3)被告人として訴訟係属しているため，判決の効力は判決の言渡しを受けたYに及ぶ。そこで，裁判所は「審判の請求を受けない事件について判決をした」（378③）ことになり，絶対的控訴理由（上告審の場合は，411①の破棄事由として扱う）となる。また，Xについては，改めて出頭させ，冒頭から所定の手続を開始する。

　(4)被告人として訴訟係属しているため，判決はYに対して効力を生じる。再審は事実を問題とするのに対し，非常上告は法令違反を理由とする救済手続であるところ，身代わりの場合は，事実の問題であると考えられるので，Yは再審（「証拠をあらたに発見したとき」（435⑥））により救済すべきである。また，Xについては，被告人として訴訟係属しているから，改めて出頭させ，冒頭から所定の手続を開始する。

□ ／
□ ／　　**13.**　**B**　訴因の特定の意義について説明しなさい。
□ ／

□ ／
□ ／　　**14.**　**A**　訴因の特定の趣旨について説明しなさい。
□ ／

□ ／
□ ／　　**15.**　**B**　訴因には何が明示されるかについて説明しなさい。
□ ／

□ ／
□ ／　　**16.**　**B**　「罪となるべき事実」（256Ⅲ）の意義について説明しな
□ ／　　　　　　　さい。

□ ／
□ ／　　**17.**　**A**　「訴因を明示」するには，「できる限り日時，場所及び
□ ／　　　　　　　方法」を「特定」（256Ⅲ）することが求められるが，そ
　　　　　　　　　　れが難しい場合，どの程度の特定が要求されるかについ
　　　　　　　　　　て説明しなさい。

□ ／
□ ／　　**18.**　**B**　必要的釈明と許容的釈明の意義について説明しなさい。
□ ／

13. 「公訴事実は訴因を明示してこれを記載しなければならない。訴因を明示するには，できる限り日時，場所及び方法を以て罪となるべき事実を特定してこれをしなければならない」（256Ⅲ）。

14. ①裁判所に対する審判対象画定（他の犯罪事実との区別）機能，②被告人への防御権告知機能。裁判実務は①が訴因の本質的な機能であるとする（識別説）。
   cf. 防御権説＝②の機能が，訴因の最も重要な機能であるとの考え方の下に，審判の対象を明確にするだけの事実の特定では足りず，被告人の防御権の行使に十分な程度に記載することを要するとする見解。

15. 訴因として明示されるのは，①「日時，場所及び方法」と，②「罪となるべき事実」（cf. 335Ⅰ）である。

16. 訴因は検察官の被告人に対する処罰請求の根拠となる主張である以上，犯罪構成要件要素を1つでも欠いていれば，不完全な主張となる。したがって，犯罪の構成要件に当たる全ての事実（具体的事実）を意味する。

17. 訴因特定の趣旨は，裁判所に対して審判対象を明確にする（審判対象画定機能）とともに，被告人の防御の範囲を示す（防御権告知機能）点にある。もっとも，訴因は第1次的には裁判所に対して審判対象を明確にする点にその趣旨があり，かつ被告人の防御は釈明等起訴状提出以後の手続の過程で柔軟に対応すれば足りるから，他の犯罪事実との識別が可能な程度に特定されていれば足りると解すべきである。
  そうすると，犯罪の種類，性質等により証拠によって明らかにし得る事実に限界があるなどの事情（特殊事情）のため，検察官が犯罪事実を表示するに当たり，日時，場所，方法や構成要件要素の一部につき概括的記載にとどめざるを得なかった場合であったとしても，概括的に表示された部分と明確に表示された部分があいまって，被告人の行為が当該構成要件に該当するものであると認識することができ，他の犯罪事実と区別される程度に特定されているのであれば，検察官において起訴当時の証拠に基づきできる限り特定したものである以上，訴因の特定に欠けるところはないというべきである。

18. 義務的釈明＝当該事実が，訴因の特定（256Ⅲ）に必要不可欠な事実である場合には，裁判長は検察官に対して義務的に釈明を求めなければならない。これに応じて，検察官が釈明を行った場合には，当然に訴因の内容をなし，それでも，特定性が満たされない場合には公訴棄却の判決で手続が打ち切られる（最判昭33.1.23参照）。
  許容的釈明＝当該事実が必ずしも訴因の特定に不可欠ではないという場合には，義務的な釈明ではなく，裁量的な釈明による。この場合，釈明内容が補完的に訴因の内容となるわけではない。

| | | 19. | B | 「10月１日から10月７日までの間，Ｙ町内又はその周辺において，覚せい剤を自己の身体に注射又は服用して施用し，もって覚せい剤を使用した」（覚せい剤使用事件）という公訴事実について，覚せい剤自己使用罪は，１回の使用に対して一罪が成立し，複数回の使用罪は全て併合罪となるところ，覚せい剤は近接した時に複数回の使用が可能である以上，日時・場所等が概括的な記載ではどの１回を起訴したものか明らかにならず，他の覚せい剤自己使用罪と識別（区別）できないのではないかという問題について，場合分けをして説明しなさい。

□ ／
□ ／
□ ／ 20. B 　共謀共同正犯の訴因では，共謀の日時・場所を比較的具体的・詳細に表示することが可能である場合でも，起訴状では単に「共謀の上」とだけ表示される。このような記載は訴因の特定を欠くのではないかという問題について説明しなさい。

□ ／
□ ／
□ ／ 21. B 　起訴状一本主義（256Ⅵ）の意義及び趣旨について説明しなさい。

19. ①被告人が当該幅のある日時・場所において覚せい剤を1回しか使用していない
旨供述しており，また，証拠上も複数回の使用が疑われない場合
複数回の使用の可能性がないのであるから，仮に日時・場所等に幅のある記
載であったとしても，殊更訴因の特定（他の犯罪事実との識別）を問題にする
必要はない。
②証拠上，複数回の使用が疑われる場合
当該幅のある日時において覚せい剤の使用が2回以上あり得るのならば，最終
の1回の行為を起訴した趣旨である旨，検察官が釈明することによって特定を
補充する（最終一行為説）。
cf. 最低一行為説＝当該使用可能期間に少なくとも1回使用したとして起訴し
たと理解する見解。
cf. 覚せい剤自己使用事件における訴因の特定は，被告人の防御という観点か
らは，ほとんど問題とならない。
∵使用行為の日時・場所・方法等を争うことは意味を持たない。
∵自己の意思に基づかずに覚せい剤を摂取した（ex. 誰かに飲まされた）
という主張や違法収集証拠排除の主張は，訴因の概括的記載とは無関係に
可能である。
∵期間内に複数回使用したという主張は，否認というより別罪の自白であっ
て防御上の利益とは認め難い。
∵アリバイの主張（ex. 国外にいた）も基本的には可能である。

20. 共謀の日時・場所は「罪となるべき事実」として不可欠なものではないし，他の
共謀者による実行行為が日時等により特定されている以上，共謀はそれに対応する
ものであるから，全体として他の犯罪事実と識別されているといえる。また，共謀
とは，他人との犯罪遂行の合意すなわち内心の意思連絡状態であり，謀議行為はそ
のような意思状態の存在を推認させる間接事実にとどまる。よって，訴因の特定を
欠くものではない。

21. 「起訴状には，裁判官に予断を生じさせる虞のある書類等を添付し，又はその内
容を引用してはならない」（256Ⅵ）。その趣旨は，①裁判所の予断を排除すること
により，公正な判断を担保し，「公平な裁判所」（憲37Ⅰ）を実現すること，及び
②当事者主義の実現（証拠は両当事者のみから公判廷に提出されるため，公判中心
主義が採られる）にある。

□ ___/___
□ ___/___
□ ___/___
22. **B** 恐喝罪の起訴状に，恐喝の手段として被害者に郵送された脅迫文書の内容を引用する場合のように，起訴状に証拠を添付・引用することは，起訴状一本主義（256Ⅵ）に反しないかについて説明しなさい。

□ ___/___
□ ___/___
□ ___/___
23. **B** 詐欺被告事件について，起訴状に「被告人は詐欺罪により既に二度処罰を受けたものであるが」と記載することは，起訴状一本主義（256Ⅵ）に反しないかについて説明しなさい。

□ ___/___
□ ___/___
□ ___/___
24. **B** 起訴状一本主義（256Ⅵ）に違反した場合の効果について説明しなさい。

22.　脅迫被告事件について，脅迫文言全文を引用した場合，裁判官が脅迫文言そのものに触れることにより，被告人は悪質である，有罪であるとの予断を抱くおそれがある。また，起訴状に引用された脅迫文言は，証拠そのものであるから，これがそのまま詳細に引用されていれば，裁判官は証拠としての採否の判断がなされていない証拠に接することになる。よって，このような脅迫文言の引用は，起訴状一本主義に抵触する。

　　もっとも，起訴状の公訴事実においては，訴因を特定しなければならない（256 Ⅲ）。特に，脅迫文言は，脅迫罪における犯罪の方法に当たる事実であるから，訴因の特定のため，これを公訴事実の一部とすることには理由がある場合がある。そこで，①脅迫文書の趣旨が婉曲暗示的であって，②起訴状にこれを要約摘記するには，相当詳細にわたるのでなければこの文書の趣旨が判明し難い場合には，③起訴状にその文書の全文とほとんど同様の記載がなされていても256条6項に違反しないと解すべきである（最判昭33.5.20，事例判断）。

23.　前科が構成要件要素となっている場合（ex. 常習窃盗），犯行の手段方法等として起訴事実の内容となっている場合（ex. 前科ある事実を利用しての恐喝等）は適法であるが，訴因の明示に必要でないのに，前科を記載することは違法である（最大判昭27.3.5）。

24.　一度裁判官に予断を与えると，もはやそれを治癒することはできないので，起訴状は無効となり，公訴棄却の判決（338④）をするべきである。

☐ ／
☐ ／
☐ ／
25. B 予断排除のための諸制度について説明しなさい。

☐ ／
☐ ／
☐ ／
26. B 訴訟係属の意義について説明しなさい。

☐ ／
☐ ／
☐ ／
27. B 公訴時効の意義について説明しなさい。

25. (1) 既に予断を抱いているおそれのある裁判官を手続から排除する制度
除斥（20），忌避（21），回避（規13Ⅰ）
(2) 裁判官が予断を抱くことを防止する制度
ア　第1回公判期日前における予断排除
①起訴状一本主義（256Ⅵ）。
②起訴状に裁判官に予断を生じさせるおそれのある事項を記載することの禁止（①の解釈から）。
③勾留に関する処分は，第1回公判期日までは受訴裁判所とは別の裁判官が行う（280Ⅰ，規187）。
④証拠保全の請求は第1回公判期日前に限る（179Ⅰ）。
⑤捜査段階における証人尋問請求は，第1回公判期日前に限る（226, 227）。
⑥逮捕状・勾留状の公判裁判所への送付は，第1回公判開廷後でなければならない（規167Ⅲ）。
⑦第1回公判期日前の証拠調べ請求の禁止（規188ただし書）。
イ　冒頭手続における予断排除
冒頭手続の段階で，犯行の動機，犯罪の状況，被告人の経歴について，詳細に被告人に質問することは，予断排除に反し許されない。
ウ　冒頭陳述における予断排除
①証拠能力のない証拠等に基づいて，裁判所に予断・偏見を生じさせるおそれのある事項の陳述の禁止（296ただし書）。
②裁判所に予断・偏見を生じさせるおそれのある事項は，証拠に基づくか否かを問わず，陳述できない（①の趣旨から）。
③被告人・弁護人も，証拠能力のない，又は証拠調請求する意思のない資料に基づいて，裁判所に予断・偏見を生じさせるおそれのある事項を陳述できない（規198Ⅱ）。
エ　証拠調べにおける予断排除
①自白を内容とする書面及び第三者の供述は，犯罪事実に関する他の証拠が取り調べられた後でなければ取調べ請求できない（301）。
②証拠とすることのできる書面が捜査記録の一部であるときは，できる限り他の部分と分離して証拠調べ請求する（302）。
③伝聞証拠は原則として証拠能力が否定されている（320Ⅰ）。

26. 事件が裁判所で審理されるべき事実状態をいう。

27. 一定の期間経過（250）によって公訴の提起ができなくなる制度。公訴時効が完成した事件は，検察官は時効完成を理由に不起訴処分に付すことを要し，起訴後に時効の完成が判明した場合は，裁判所はその事件につき判決で免訴の言渡しをしなければならない（337④）。

2
公訴・公判

☐ ／
☐ ／
☐ ／　　**28.** Ⓑ　公訴時効の起算点について説明しなさい。

☐ ／
☐ ／
☐ ／　　**29.** Ⓑ　公訴時効の停止の意義について説明しなさい。

☐ ／
☐ ／
☐ ／　　**30.** Ⓑ　公訴時効の停止事由について説明しなさい。

☐ ／
☐ ／
☐ ／　　**31.** Ⓑ　公訴時効の停止の客観的範囲及び主観的範囲について説明しなさい。

☐ ／
☐ ／
☐ ／　　**32.** Ⓑ　審判の対象は訴因か公訴事実かについて説明しなさい。

28. 「犯罪行為が終わった時」（253Ⅰ）。
　　・結果犯の場合は，結果発生時（最決昭63.2.29）を指す。
　　・観念的競合の場合は，科刑の基準となるもっとも重い刑を基準として，最終結果発生時から時効期間を起算すべきである（一体説，最決昭63.2.29）。
　　・牽連犯の場合は，原則として，もっとも重い刑を標準に，最終行為のときから起算するが，例外的に，目的行為が手段行為の時効期間満了後に実行されたときは個別的に判断すべきである（時効的連鎖説，最判昭47.5.30）。

29. 　一定の事由により公訴時効の進行が停止し，停止事由が消滅した後に残存期間が進行する制度をいう。

30. 　(1)　法定の停止事由
　　　　公訴提起（254Ⅰ）のほか，犯人が国外にいる場合，犯人が逃げ隠れしているため有効に起訴状の謄本送達又は略式命令の告知ができなかった場合にも公訴時効は停止する（255Ⅰ）。
　　(2)　停止事由に関する判例
　　　ア　訴因不特定によって公訴棄却された場合
　　　　　特定の事実について検察官が訴追意思を表明したものと認められるときには，公訴時効の停止が認められる（最決昭56.7.14）。
　　　イ　訴因に記載された事実と公訴事実の同一性に欠ける事実を追加する訴因変更請求がなされた場合
　　　　　訴因変更請求がなされた時点で請求に示される事実について公訴時効の進行が停止する（最決平18.11.20）。

31. 　(1)　客観的範囲
　　　　判決が確定した場合，公訴事実の同一性の範囲で一事不再理効が認められるところ，訴因変更により同時訴追の可能性があった以上，検察官に同時処理の義務が認められる。したがって，公訴事実の同一性の範囲で時効進行が停止する（最決昭56.7.14）。
　　(2)　主観的範囲
　　　　共犯の1人に対してした公訴の提起による時効の停止は，他の共犯に対してその効力を有する（254Ⅱ）。
　　　cf.　公訴は人的に可分であるから，真犯人でない者が誤認されて起訴された場合，真犯人に対する公訴時効は停止しない（通説）。

32. 　訴因対象説＝（298Ⅰ，312Ⅰ，256Ⅵ等）の下，裁判所の審判対象は，検察官が審判を求める特定化された具体的犯罪事実の主張，すなわち訴因であり，公訴事実（312Ⅰ）は訴因変更の限界を画する機能的概念にすぎない。

□ ／
□ ／　　**33.** **B**　　公訴事実の原始的複数（弁論の分離・併合，313）の種
□ ／　　　　　　　　　　　類について説明しなさい。

□ ／
□ ／　　**34.** **B**　　公訴事実の後発的複数の種類について説明しなさい。
□ ／

□ ／
□ ／　　**35.** **B**　　訴因変更（狭義。以下同じ）の手続について説明しな
□ ／　　　　　　　　　　　さい。

□ ／
□ ／　　**36.** **A**　　訴因変更の要否について説明しなさい。
□ ／

33.　①併合罪の一括起訴，②共犯の一括起訴。請求により又は職権による公判手続の分離・併合を認めた（313Ⅰ）。ただし，被告人の防御が互いに相反するような場合には，被告人の権利を保護するために，必ず分離しなければならない（313Ⅱ）。

34.　①訴因の追加（旧訴因に新訴因を付加すること），②撤回（単一の公訴事実を構成する数個の訴因のうち一定の訴因を撤去すること），③変更（狭義）。
　　cf.　追起訴＝ある事件が起訴されて第1審裁判所に係属中に，同一被告人の別事件を併合審理するため同一裁判所に追加起訴すること。起訴状記載の訴因と公訴事実の同一性がない犯罪事実を審判の対象に加える場合の措置である。

35.　(1)　検察官による訴因変更請求
　　　　①原則として書面を提出（規209Ⅰ）。
　　　　②謄本の添附（規209Ⅱ）。
　　　　③被告人への謄本の送達（規209Ⅲ）。
　　　　④公判廷における書面の朗読（規209Ⅳ）。
　　(2)　裁判所が変更請求に対して許可・不許可を決定
　　　　①裁判所は，訴因の変更があったとき（訴因変更請求を許可したとき）は速やかにその旨を被告人に通知（312Ⅲ）。
　　　　②訴因変更により被告人の防御に実質的な不利益を生ずるおそれがあるときは，被告人又は弁護人の請求により，決定で，防御の準備に必要な期間の公判手続を停止（312Ⅳ）。

36.　訴因対象説からすれば，訴因変更は具体的事実に変化があった場合に必要となる（事実記載説）。そこで，いかなる事実に変更があった場合に訴因変更を要するかが問題となるが，訴因の機能は，審判対象画定機能と被告人への防御権告知機能であり，審判対象画定機能が第1次的機能である。
　　そこで，①審判対象画定のために不可欠な事項（＝訴因の記載として不可欠な事項）が変動した場合には，訴因変更が必要となる。また，②①に当たらなくとも，一般的に被告人の防御にとって重要な事項（であって，訴因に上程されたもの）が変動した場合には，原則として訴因変更が必要である。もっとも，③②の場合でも，具体的な審理経過から，被告人に不意打ちを与えず，かつ認定が訴因より不利益といえない場合には，例外的に訴因変更は不要である（最決平13.4.11）。

2
公訴・公判

☐ /			
☐ /	**37.**	**A**	①甲乙の窃盗の共同正犯の訴因（甲乙の実行共同正犯,又は乙が実行行為者で甲が背後者である（共謀共同正犯）場合）に対して，乙の単独犯を認定する場合，②甲乙の窃盗の共同正犯の訴因（甲乙の共同正犯の訴因において，甲が実行行為者で乙が背後者である（共謀共同正犯）場合）に対して，乙の単独犯を認定する場合のそれぞれについて，訴因変更が必要か（縮小認定の可否）について説明しなさい。
☐ /			

☐ /			
☐ /	**38.**	**B**	①「濡れた靴をよく拭かずに覆いていたため，一時停止の状態から発進するに当たりアクセルとクラッチペダルを踏んだ際足を滑らせてクラッチペダルから左足を踏み外したこと」を過失とする訴因に対し，「交差点前で一時停止中の他車の後に進行接近する際ブレーキをかけるのが遅れたこと」を過失と認定する場合，②「被告人が前方左右を注視し，進路の安全を確認して進行すべき注意義務を怠ったことが過失である」という訴因に対して，「進路前方を注視し，自車が対向車線にはみ出さないようハンドルを握持して，道路左側部分を進行すべき注意義務があるのに，これを怠り，ハンドルを右方向に転把し，対向車線内に自車をはみ出させて進行した過失がある」と認定する場合のそれぞれについて，訴因変更が必要かについて説明しなさい。
☐ /			

☐ /			
☐ /	**39.**	**B**	訴状の記載が数罪としているのに，裁判所が一罪と判断した場合，訴因変更，訴因の補正，訴因の訂正という措置が考えられるが，どのような処理をすべきかについて説明しなさい。
☐ /			

37. 　縮小して認定される犯罪事実については，当初から検察官により<u>黙示的・予備的</u>に併せ主張されていた犯罪事実と考えることができるため，縮小認定は，訴因の記載と「異なる」事実認定の問題ではなく，訴因の記載どおりの認定の一態様であることになる。したがって，訴因事実が認定事実を<u>包摂</u>している場合（抽象的な構成要件同士の問題ではなく，<u>具体的事実関係</u>に照らして判断する）には，訴因変更は<u>不要</u>である。

　①の場合には，「乙が実行行為を行った」という事実は訴因事実に含まれているため，訴因変更は<u>不要</u>であるが，②の場合には，「乙が実行行為を行った」という事実は訴因事実に含まれていないため，訴因変更が<u>必要</u>である。

38. 　過失犯においては，犯罪事実の構成要素のうち，ⓐ注意義務の発生根拠となる<u>具体的状況</u>（ex. 道路が雨で濡れている），ⓑ注意義務の<u>内容</u>（ex. 速度調節義務），ⓒ注意義務違反の<u>態様</u>（過失行為, ex. 速度調節義務違反）が訴因に記載されるが，<u>審判対象画定</u>のために不可欠な事実はⓒであるから，ⓐ及びⓑの変動がⓒの変動に及ぶ場合にのみ訴因変更を要する。

　①の場合には，ⓒの事実に変動があるから，訴因変更を必要とする（最判昭46.6.22）。他方，②の場合には，具体的事実関係は，当初の訴因と認定事実との間で，異なるところはないし，前方注視の点こそ重要であって，道路左側部分を維持して進行すべきであるとする点は重要性を有しない（当初の訴因の補充訂正にとどまる）から，訴因変更は不要である（最決平15.2.20）。

39. 　①事実変化がない場合

　　事実の<u>法的評価</u>は裁判所の自由であるから，訴因の記載が<u>1個の訴因</u>と解釈できる場合には，必ずしも補正を要しない。また，<u>事実</u>に変化がない限り，裁判所は<u>訴因変更手続</u>を経る必要はない。したがって，<u>他の犯罪との識別</u>が可能な程度に特定されているならば，そのまま判決を下せばよい（訴因変更も補正も不要であり，訂正で足りる）（最決昭35.11.15参照）。ただし，新たな事実が付け加わったり，犯罪の構造が変化する場合には，訴因変更が必要である。

　②事実変化がある場合

　　訴因変更手続が<u>必要</u>である。

☐ /
☐ /
☐ /　　**40.**　**B**　　訴状の記載が一罪となっているのに，裁判所が数罪と判断した場合，訴因変更，訴因の補正，訴因の訂正という措置が考えられるが，どのような処理をすべきかについて説明しなさい。

☐ /
☐ /
☐ /　　**41.**　**B**　　検察官の訴因変更請求を裁判所が認めなければならない場合について説明しなさい。

☐ /
☐ /
☐ /　　**42.**　**B**　　「公訴事実の同一性」（312 Ⅰ）をどのように判断すべきかについて説明しなさい。

☐ /
☐ /
☐ /　　**43.**　**B**　　訴因変更の時的限界について説明しなさい。

☐ /
☐ /
☐ /　　**44.**　**B**　　窃盗幇助から盗品等無償譲受けへの訴因変更は許されない。では，窃盗幇助から窃盗の共同正犯へと訴因変更し，その後，盗品等無償譲受けへの訴因変更をすることができるか（中間訴因が介在する場合の訴因変更の可否）について説明しなさい。

☐ /
☐ /
☐ /　　**45.**　**B**　　訴因変更命令の意義について説明しなさい。

☐ /
☐ /
☐ /　　**46.**　**A**　　裁判所は訴因変更命令をする義務を負うかについて説明しなさい。

40. ①事実変化がない場合
　　　数罪が一罪となる場合と同様に，他の犯罪との識別が可能な程度に特定され
　　ている場合には，訴因変更も補正も不要である（最判昭29.3.2参照）。
②事実変化がある場合
　　　数罪が一罪となる場合と同様であるが，検察官の訴追意思がない場合もあり
　　得るので，その点を確認する必要がある。

41. 「公訴事実の同一性を害しない」（312Ⅰ）場合である。

42. 　公訴事実の同一性は，紛争の一回的解決を図りつつ，被告人の防御上の不利益を
防ぐという観点から設けられた訴因変更の限界を画する機能概念である。そこで，
「公訴事実の同一性」があるといえるためには，基本的事実関係が社会通念上同一
と認められる必要がある。加えて，両訴因の比較から直ちに基本的事実関係の同一
性を肯定できない場合には，補充的に非両立性の基準も用いるものと考える。

43. 　訴因変更の時期によっては，被告人の防御にとって著しく不利益が生じる可能性
がある。そこで，①審理の期間，②変更の時期，③変更内容，④変更する機会があ
ったか等を総合的に判断し，訴因変更請求が権利濫用的なものとして，否定される
可能性がある（福岡高那覇支判昭51.4.5）。

44. 　直接的には認められないものを間接的には認められるとすることは，「公訴事実
の同一性」をもって訴因変更の限界を画した意味を没却するから，できない（通説）。

45. 　「裁判所は，審理の経過に鑑み適当と認めるときは，訴因又は罰条を追加又は変
更すべきことを命ずることができる（312Ⅱ）。

46. 　審判対象は訴因であり，その設定は検察官の専権であるから，原則として，訴因
変更命令義務はない。しかし，重大な犯罪につき訴因を変更すれば明らかに有罪と
認定できるのに，これを放置して重大な犯罪について処罰できないという事態を招
くことは，著しく正義に反するため，①重大な犯罪について，②変更を命ずべき訴
因が証拠上有罪であることが明らかな場合は，例外的に訴因変更を命じる義務があ
る。ただし，裁判長が明確かつ断定的な求釈明をしたにもかかわらず，検察官が長
期間にわたり訴因を維持し，被告人の防御活動も専ら検察官の掲げた訴因に対して
なされていたような場合には，訴因変更命令を下す義務はない（最判昭58.9.6）。

| | | 47. | B | 裁判所の訴因変更命令に形成力はあるかについて説明しなさい。 |

| | | 48. | B | 検察官が明らかに有罪の見込みのある旧訴因から新訴因に変更する旨の請求した場合，裁判所はどのように対応すべきかについて説明しなさい。 |

| | | 49. | B | 裁判所の罰条変更命令に形成力はあるかについて説明しなさい。 |

| | | 50. | B | 訴訟条件の意義について説明しなさい。 |

| | | 51. | B | 訴訟条件の存在時期について説明しなさい。 |

| | | 52. | B | 訴訟条件の審査方法について説明しなさい。 |

| | | 53. | B | 訴訟条件の種類について説明しなさい。 |

| | | 54. | B | 形式的訴訟条件（手続要件）の意義及びそれが欠けた場合の効果について説明しなさい。 |

47. 審判の対象は訴因であり，その設定は検察官の専権であるから，訴因変更命令に形成力を認めると，裁判所が審判の対象を設定できることになり，当事者主義という法の趣旨に反することになる。したがって，形成力はない（最大判昭40.4.28）。

48. 当事者主義的訴訟構造（256Ⅵ，298Ⅰ，312Ⅰ参照）を前提とする現行法下では，いかなる訴因を設定するかは検察官の専権であるから，かかる訴因変更請求がなされた場合，裁判所はこれを許可しなければならない（最判昭42.8.31）。
    cf. 当事者主義の補充としての職権主義（312Ⅱ参照）から，起訴状の訴因が犯罪として重大で証拠上も明白なのに新訴因への変更を許可すれば無罪となる場合，裁判所は，単純にこれを許可すべきではなく，少なくとも起訴状の訴因の維持を勧告する義務がある（また，許可した場合にも，その後において，訴因の再変更を勧告又は命令すべき義務がある）（大阪高判昭56.11.24）。

49. 変更命令は裁判所の義務であり，命令に形成力がある。ただし，法令の適用は裁判所の職責であって，罰条の記載は訴因の特定を助ける補充的なものにすぎないから，特に被告人の防御に実質的な不利益が生じない場合は，罰条変更手続は不要である（最決昭53.2.16）。

50. 訴訟手続を有効に成立させ，これを継続させるための条件。訴訟条件が備わっていなければ，裁判所は，その事由に応じて，管轄違い（329以下），公訴棄却（338，339），免訴（337）という形式裁判で手続を打ち切る。

51. 訴訟条件が公訴の提起の要件たる機能を果たすものである以上，訴訟条件は起訴から判決までの訴訟の全過程に存在するのが原則である。ただし，土地管轄については公訴提起の際にあればよく，事後に被告人が住居を移すなどして事由が消滅しても構わない。

52. 事柄の重要性と公益的性質から，原則として裁判所の職権調査事項である。もっとも，土地管轄については，被告人の申立てを待って判断すれば足りる（331Ⅰ）。

53. ①形式的訴訟条件（手続要件），②実質的訴訟条件（訴訟追行条件），③非類型的訴訟条件。

54. （1）意義
       手続上の事項を要件にしたもの。
    （2）効果
       管轄違い，公訴棄却。

☐ ／
☐ ／　　　**55.** Ⓑ　　公訴棄却の事由について説明しなさい。
☐ ／

☐ ／
☐ ／　　　**56.** Ⓑ　　実質的訴訟条件（訴訟追行条件）の意義及びそれが欠
☐ ／　　　　　　　　　　　けた場合の効果について説明しなさい。

☐ ／
☐ ／　　　**57.** Ⓑ　　免訴（337）の事由について説明しなさい。
☐ ／

☐ ／
☐ ／　　　**58.** Ⓑ　　非類型的訴訟条件の意義について説明しなさい。
☐ ／

☐ ／
☐ ／　　　**59.** Ⓑ　　訴訟条件の存否の判断は訴因を基準とすべきか裁判所
☐ ／　　　　　　　　　　　の心証を基準とすべきかについて説明しなさい。

55. (1) 決定による公訴棄却事由（339）
　①2か月以内に起訴状の謄本が被告人に送達されなかったため，公訴提起がその効力を失ったとき（1号）。
　②起訴状に記載された事実が真実であっても罪となるべき事実が含まれていないとき（2号）。
　③公訴が取り消されたとき（3号）。
　④被告人が死亡し，又は被告人である法人が存続しなくなったとき（4号）。
　⑤同一事件が数個の裁判所に属したとき（5号）。
(2) 判決による公訴棄却事由（338）
　①被告人に対して裁判権がないとき（1号）。
　②公訴取消し後犯罪事実につき，新たに重要な証拠が発見されないのに再起訴（340参照）されたとき（2号）。
　③公訴提起があった事件につき，さらに同一裁判所に公訴が提起されたとき（3号）。
　④公訴提起の手続がその規定に違反したため無効であるとき（4号）。

56. (1) 意義
　公訴権が消滅し，およそ訴訟追行が許されない場合。
(2) 効果
　免訴（337）。

57. ①確定判決を経たとき（1号）。
②犯罪後の法令により刑が廃止されたとき（2号）。
③大赦があったとき（3号）。
④公訴時効が完成したとき（4号）。

58. 法定されたもの以外の新たな訴訟条件（ex. 検察官の訴追裁量権の逸脱による公訴権濫用の場合，迅速な裁判の保障に反する場合）。

59. 審判対象は検察官の主張たる訴因であるから，訴因を基準にすべきであるが，縮小認定の理論は訴訟条件にも妥当するから，検察官の黙示的・予備的訴追意思が認められる場合には，縮小認定が可能である（訴因基準説。最判昭31.4.12，最判昭48.3.15等参照）。
　cf. 原則として，訴訟条件の追完は許されないが，被告人が追完に同意した場合又は冒頭手続までに追完された場合には，認めてよいとする立場がある。
　∵被告人が追完に同意した場合等は，追完を認めても被告人に不利益はなく，やり直しの強制は，かえって被告人にとって不利益である。

2
公訴・公判

☐ / 　 **60.** **B** 　 訴訟条件の追完の可否について説明しなさい。
☐ /
☐ /

☐ / 　 **61.** **B** 　 不適法訴因への変更の可否について説明しなさい。
☐ /
☐ /

☐ / 　 **62.** **B** 　 適法訴因への変更の可否（訴因変更による訴訟条件の
☐ / 　 追完の可否）について説明しなさい。
☐ /

☐ / 　 **63.** **B** 　 迅速な裁判の意義について説明しなさい。
☐ /
☐ /

☐ / 　 **64.** **B** 　 迅速な裁判を担保する制度について説明しなさい。
☐ /
☐ /

☐ / 　 **65.** **B** 　 迅速な裁判を受ける権利が侵害された場合の措置につ
☐ / 　 いて説明しなさい。
☐ /

☐ / 　 **66.** **B** 　 公判は，原則として被告人が出頭しなければ開くこと
☐ / 　 ができない（286）。そこで，被告人の出頭を確保するた
☐ / 　 めに法が用意している手段について説明しなさい。

☐ / 　 **67.** **B** 　 保釈の意義について説明しなさい。
☐ /
☐ /

60. 　訴追側のミスは看過できないほど大きいし，いったん公訴棄却されれば再起訴される前に示談が行われる余地がある（237 I 参照）ため，訴訟経済に反しない。したがって，できない（通説）。

61. 　訴因の設定・変更の権限は検察官にあるし，訴因変更制度は，訴訟対象の設定変更を訴追機関たる検察官に許容する制度であり，変更の結果実体審理ができるかどうかは別問題であることから，不適法な訴因に変更することは許される。

62. 　これを否定すれば，完璧な訴因を掲げるため捜査が糾問化するおそれがあるし，訴因変更による追完は事の性質上，必要性を法が認めていると解される。したがって，訴因変更が可能である（最決昭29.9.8）。

63. 　「すべて刑事事件においては，被告人は，公平な裁判所の迅速な公開裁判を受ける権利を有する」（憲37 I）。

64. 　①起訴状謄本の遅滞なき送達（271，規176）。
　　②事前準備（規178の2以下）。
　　③公判前整理手続・期日間整理手続（316の2以下）。
　　④公判期日の厳守（277，規179の4以下，182）。
　　⑤連日的開廷の確保（281の6）。

65. 　判例は，起訴後しばらく審理した後，15年余の間審理が全く行われないで放置された事案について，迅速な裁判を受ける権利が侵害されているときには，もはやこれ以上実体審理を進めることが適当でないとして，免訴判決を下すべきであるとしている（最大判昭47.12.20）。

66. 　①召喚（153，62，63，65）＝特定の者に対して一定の日時場所に出頭することを命ずる強制処分。
　　②勾引（152）＝特定の者を一定の場所に引致する裁判及びその執行。
　　③勾留（207，60）＝特定の者を一定の場所に比較的長時間拘束する裁判及びその執行。
　　cf. 召喚は，出頭を命じるものにすぎず，被告人に対する直接的な強制力はない。そこで，被告人が正当な理由がなく召喚に応じないときには，勾引することができる。

67. 　勾留の効力を維持したまま，保証金の納付を条件として，勾留の執行を停止し，被告人の身柄拘束を解く裁判及びその執行をいう。保釈は起訴後に限られ，被疑者段階では認められていない（207 I ただし書）。

☐ ／
☐ ／　　68.　**B**　　保釈の種類について説明しなさい。
☐ ／

☐ ／
☐ ／　　69.　**B**　　公判期日外の証人尋問が認められるための要件につい
☐ ／　　　　　　　　　て説明しなさい。

68.　①権利保釈（89）＝保釈請求権者（88）の請求があれば，除外事由（89，344）に当たらない限り許さなければならないもの

②裁量保釈（90）＝権利保釈が許されない場合でも，裁判所が適当と認めるときに，職権で許すことができるもの

③義務的保釈（91）＝勾留による拘禁が不当に長くなったときに，請求権者の請求又は職権で許さなければならないもの

　cf.　勾留の執行停止（95）＝裁判所は，適当と認めるとき（ex. 被告人の病気）は，決定で，勾留中の被告人を親族・保護団体その他の者に委託し，又は被告人の住居を制限して，勾留の執行を停止できる（95）。

69.　「証人の重要性，年齢，職業，健康状態その他の事情と事案の軽重を考慮した上，検察官及び被告人又は弁護人の意見を聴き必要と認めるときに限り」，認められる（281，158Ⅰ）。①裁判所外で行う場合（裁判所外尋問，158, ex. 証人が病気のため出頭できないときに，現在場所に赴いて行う尋問）と②裁判所内で行う場合（期日外尋問，281, ex. 証人の突然の都合で公判期日まで待てないときに行う尋問）がある。

2
公訴・公判

□ ／ **70.** **B** 　第1回公判期日前の公判準備（事前準備）の内容につ
□ ／ 　　　　　　いて説明しなさい。
□ ／

70.　(1)　訴訟関係人は，第1回の公判期日前に，できる限り証拠の収集及び整理をし，審理が迅速に行われるように準備しなければならない（規178の2）。

(2)　検察官は，第1回の公判期日前に，次のことを行わなければならない（規178の6Ⅰ）。

　ア　被告人又は弁護人に対し，閲覧する機会を与えるべき証拠書類又は証拠物があるときは，公訴の提起後なるべくすみやかに，その機会を与えること。

　イ　弁護人が閲覧する機会を与えた証拠書類又は証拠物について，なるべくすみやかに，326条の同意をするかどうか又はその取調べの請求に関し異議がないかどうかの見込みを弁護人に通知すること。

(3)　弁護人は，第1回の公判期日前に，次のことを行わなければならない（規178の6Ⅱ）。

　ア　被告人その他の関係者に面接する等適当な方法によって，事実関係を確かめておくこと。

　イ　検察官が閲覧する機会を与えた証拠書類又は証拠物について，なるべくすみやかに，326条の同意をするかどうか又はその取調べの請求に関し異議がないかどうかの見込みを検察官に通知すること。

　ウ　検察官に対し，閲覧する機会を与えるべき証拠書類又は証拠物があるときは，なるべくすみやかに，これを提示してその機会を与えること。

(4)　検察官及び弁護人は，第1回の公判期日前に，相手方と連絡して，次のことを行わなければならない（規178の6Ⅲ）。

　ア　起訴状に記載された訴因若しくは罰条を明確にし，又は事件の争点を明らかにするため，相互の間でできる限り打ち合わせておくこと。

　イ　証拠調べその他の審理に要する見込みの時間等裁判所が開廷回数の見通しをたてるについて必要な事項を裁判所に申し出ること。

(5)　裁判所は，裁判所書記官に命じて，検察官又は弁護人に訴訟の準備の進行に関し問い合わせ又はその準備を促す処置をとらせることができる（規178の9）。また，裁判所は，適当と認めるときは，第1回の公判期日前に，検察官及び弁護人を出頭させた上，公判期日の指定その他訴訟の進行に関し必要な事項について打合せを行うことができる（規178の10Ⅰ）。

☐ ／
☐ ／
☐ ／　　**71.** Ⓑ　公判前整理手続の参加者及び証拠開示手続について説明しなさい。

☐ ／
☐ ／
☐ ／　　**72.** Ⓑ　公判期日及び公判廷の意義について説明しなさい。

☐ ／
☐ ／
☐ ／　　**73.** Ⓑ　公判手続の流れについて説明しなさい。

71.
(1) 参加者
　ア　受訴裁判所が主宰（316の2）
　イ　検察官と弁護人の参加が必要（316の7）
　　　弁護人の参加は絶対に必要で，弁護人がいない場合は職権で付ける（316の4）。これに対して，被告人の参加は任意だが，出席した場合は黙秘権告知が必要（316の9）。
(2) 証拠開示手続
　ア　検察官が，証明予定事実を明示し，証拠調べ請求を行い，その証拠は開示（316の13，14）
　イ　検察官は，証拠調べの意思がない証拠について，「一定の類型」に該当し，特定の請求証拠の証明力判断のために重要と思われるものについて，被告人・弁護人から開示請求があった場合，相当と認めたときは開示（類型証拠開示，316の15）
　ウ　被告人・弁護人は，証明予定事実を明示し，証拠調べ請求を行い，その証拠は開示（316の17，18）
　エ　検察官は，弁護側の主張に関連する証拠について，弁護側から開示請求があった場合，相当と判断したときには開示（争点関連証拠開示，316の20）

72.
公判期日＝裁判官，当事者，その他の訴訟関係人が公判廷に集まって訴訟行為をするために定められた日時をいう。
公判廷＝公判を開く法廷という意味で，裁判官，裁判所書記官が列席し，検察官が出席して開く（282Ⅱ）。

73.
(1) 冒頭手続
　冒頭手続は①人定質問，②起訴状朗読，③権利告知，④被告人・弁護人の陳述の4つの手続からなる。
　①　人定質問＝被告人に氏名，生年月日，本籍，住居，職業などを質問して，本人であることを確かめること。
　②　起訴状朗読＝検察官の起訴状を読み上げる行為。
　③　権利告知＝「終始沈黙し，又は個々の質問に対し陳述を拒むことができる旨」のほか，「陳述をすることもできる旨及び陳述をすれば自己に不利益な証拠ともなり又利益な証拠ともなるべき旨」を告知する。
　④　被告人・弁護人の陳述＝被告人及び弁護人に対し，被告事件について陳述する機会を与えなければならない。
(2) 証拠調べ
(3) 最終弁論
　①　論告（求刑）（293Ⅰ）＝検察官が，事実関係及び法律の適用について意見を述べる（事実関係に関する意見，情状に関する意見，求刑）。
　②　弁論（293Ⅱ，規211）＝被告人及び弁護人も，意見を陳述することができる（弁護人の陳述を最終弁論，被告人の陳述を最終（意見）陳述と呼ぶ）。

3 証拠法

□ ___/___ 1. **B** 証拠資料及び証拠方法の意義について説明しなさい。
□ ___/___
□ ___/___

□ ___/___ 2. **B** 証拠資料に関する分類の仕方について説明しなさい。
□ ___/___
□ ___/___

□ ___/___ 3. **B** 証拠方法に関する分類の仕方について説明しなさい。
□ ___/___
□ ___/___

□ ___/___ 4. **B** 証拠能力の意義について説明しなさい。
□ ___/___
□ ___/___

□ ___/___ 5. **B** 証拠能力がない場合の処理について説明しなさい。
□ ___/___
□ ___/___

3 証拠法

1. 証拠資料＝訴訟上確認すべき事実を推認する根拠となる資料。
   証拠方法＝媒体のこと。

2. ①直接証拠と間接証拠（情況証拠）＝要証事実を直接証明する証拠かどうかの区別をいう。
   ②供述証拠と非供述証拠＝供述証拠とは，事実の痕跡が人の記憶に残り，それが言葉若しくは文書により表現されたものをいい，非供述証拠とは，事実の痕跡が物の形状として残ったものをいう。
   ③実質証拠と補助証拠＝実質証拠とは，主要事実又はその間接事実を証明する証拠をいい，補助証拠とは，補助事実（実質証拠の信用性に関する事実）を証明する証拠をいう。
   ④本証と反証＝本証とは，挙証責任を負う側が提出する証拠をいい，反証とは，その相手方が提出する証拠をいう。

3. ①人的証拠と物的証拠＝人的証拠とは，証拠方法が生存している人間である場合であり，取得する強制処分は，召喚・勾引である。物的証拠とは，人的証拠以外の証拠であり，取得する強制処分は，押収である。
   ②人証・証拠物（物証）・証拠書類（書証）＝人証とは，証人・鑑定人・翻訳人・被告人のように，口頭で提出する証拠方法を指し，証拠調べの方式は，尋問（304）又は質問（311）である。物証とは，犯行に用いられた凶器や窃盗の被害品のように，その物の存在及び状態が証拠に用いられる物体（証拠物）を指し，証拠調べの方式は，展示（裁判所及び訴訟関係人に示すこと）（306）である。書証とは，その記載内容が証拠となる書面のものであり，証拠調べの方式によって証拠書類と証拠物たる書面とに分けられる。朗読（305）により取り調べるが，証拠物たる書面は，書面の記載内容のほか，その存在及び状態も証拠となるので，朗読と展示の両方が必要（307）である。

4. 一定の資料が証拠となり得る資格をいい，証拠能力のない証拠は，公判廷における適法な証拠調べの対象とすることはできない。

5. 証拠能力が否定されれば，証拠調べのために法廷に顕出することは許されないため，取調べ請求は却下しなければならない（当事者は取調べ請求や証拠調べ決定に対して異議申立てできる（309））。また，既に取り調べられたものでも証拠能力欠缺が判明すれば職権で排除できる（規205の6，207）。

3 証拠法

□ ___/___ 　6. 　**B** 　証明力の意義について説明しなさい。
□ ___/___
□ ___/___

□ ___/___ 　7. 　**B** 　証明と疎明の意義について説明しなさい。
□ ___/___
□ ___/___

□ ___/___ 　8. 　**B** 　「事実の認定は,証拠による」(317)というときの「事実」
□ ___/___ 　　　　　　と「証拠」の意義について説明しなさい。
□ ___/___

□ ___/___ 　9. 　**B** 　厳格な証明の意義について説明しなさい。
□ ___/___
□ ___/___

□ ___/___ 　10. 　**B** 　自由な証明の意義について説明しなさい。
□ ___/___
□ ___/___

□ ___/___ 　11. 　**B** 　証明の対象となる事実について説明しなさい。
□ ___/___
□ ___/___

□ ___/___ 　12. 　**B** 　不要証事実について説明しなさい。
□ ___/___
□ ___/___

□ ___/___ 　13. 　**B** 　犯罪不存在を基礎付ける事実(被告人に有利な事実)
□ ___/___ 　　　　　　は厳格な証明を要するかについて説明しなさい。
□ ___/___

□ ___/___ 　14. 　**B** 　処罰条件の存在及び処罰阻却事由の不存在の事実は厳
□ ___/___ 　　　　　　格な証明を要するかについて説明しなさい。
□ ___/___

6. 証拠調べの対象となる証拠の，事実の存否を判断するのに有用な実質的価値（証拠価値）をいい，証明力の評価は裁判官の自由心証に委ねるのが原則である（自由心証主義，318）。

7. 証明とは，裁判所に合理的な疑いをいれない程度の心証（確信）を抱かせることをいい，疎明とは，裁判所に一応確からしいという程度の心証（一応の推測）を生じさせることをいう。

8. 「事実」＝原則として犯罪事実を意味するが，犯罪事実に準じる程度の重要性をもった一定範囲の事実についても，「事実」に含まれると解されている。
「証拠」＝証拠能力があり，適式な証拠調べ（304〜）を経た証拠をいう。

9. 証拠能力があり，適式な証拠調べの手続を経た証拠による証明方式をいう（最判昭38.10.17）。刑罰権の存否及び範囲を定める事実について，厳格な証明が要求される。

10. 証拠能力も適式な証拠調べも必要としない証明方法をいう。

11. (1) 実体法的事実＝①犯罪事実（構成要件該当事実，違法性，有責性を基礎付ける事実），②処罰条件の存在及び処罰阻却事由の不存在の事実，③法律上刑の加重減免の理由となる事実。
(2) 訴訟法的事実＝①訴訟条件たる事実，②訴訟行為の要件事実，③証拠能力・証明力を証明する事実，④その他の訴訟法的事実。

12. (1)弁論に現れない事実（ex. 犯罪成立阻却事由，刑の減免事由），(2)公知の事実，(3)法律上推定された事実。

13. 法が「犯罪事実の存否」と規定していること（314Ⅲ，321Ⅰ③），被告人の自己に有利な公判廷外の供述調書についても，法は特信情況を要求している（322Ⅰ本文）ことから，厳格な証明を要する（通説）。

14. 処罰条件の存在及び処罰阻却事由の不存在は，犯罪成立要件ではないが，犯罪が可罰的になるための条件であるから，犯罪事実に準ずる重要な事項といえる。したがって，厳格な証明を要する。

□ /	15. B	法律上の刑の加重事由となる事実は厳格な証明を要するかについて説明しなさい。
□ /		
□ /		

□ /	16. B	数個の犯罪事実が併合罪になることを妨げる確定判決の存在は厳格な証明を要するかについて説明しなさい。
□ /		
□ /		

□ /	17. B	法律上の刑の減免事由となる事実は厳格な証明を要するかについて説明しなさい。
□ /		
□ /		

□ /	18. B	間接事実，補助事実は厳格な証明を要するかについて説明しなさい。
□ /		
□ /		

□ /	19. B	訴訟法的事実は厳格な証明を要するかについて説明しなさい。
□ /		
□ /		

□ /	20. B	自由心証主義の意義について説明しなさい。
□ /		
□ /		

□ /	21. B	自由心証主義の内容について説明しなさい。
□ /		
□ /		

15. その存否によって処断刑の範囲が異なってくるので，犯罪事実に準じ，刑罰権の範囲を定める基礎となる事実といえる。したがって，厳格な証明を要する（最大決昭33.2.26）。

16. 別個に刑が科されることによって併合罪として1個の刑で処断される（刑47参照）よりも通常重くなるので，刑を加重する類型的な理由となる不利益な事実である。したがって，厳格な証明を要する（最判昭36.11.28）。

17. 刑の減免の理由となる事実は，未遂（刑43）・従犯（刑62）のように犯罪事実に属するか，心神耗弱（刑39Ⅱ），過剰防衛・過剰避難（刑36Ⅱ，刑37ただし書）のように，有責性又は違法性に関する事実であり，厳格な証明を必要とする。また，自首（刑42，刑80）は，犯罪事実そのものに関係はないが，その存否によって，処断刑の範囲（刑42）や刑を加えることの要否（刑80）が左右されるものであるから，厳格な証明が必要である。

18. 間接事実は重要性の点において主要事実と変わらないから，厳格な証明を要する。また，犯罪事実を認めるか否かは，証拠の証明力いかんにかかっているため，補助事実についても厳格な証明によるべきである。
    cf. 補助事実の中でも，信用性を争う供述を行った者の資質，能力，偏見，利害関係などの事実は自由な証明で足りるとする見解がある。

19. 訴訟法的事実については，実体法的事実と訴訟上その重要性に違いがあるため，原則として，自由な証明の対象であるが，訴訟条件及び証拠能力に関する事実（ex.関連性，違法収集証拠，自白の任意性）については，少なくとも，公判廷における適当な証拠調べをした証拠による証明を必要とする。
    cf. 判例は，自白の任意性（最判昭28.2.12），情状（最判昭24.2.22）について自由な証明で足りるとする，実務上は厳格な証明によっている例も多い。

20. 証拠の証明力の有無を裁判官の自由な判断に委ねる原則をいう（318）。証拠の証明力は，①狭義の証明力（それが実質上どの程度要証事実の存否を推認させるか）と②信用性（要証事実とは別に，個々の証拠が信頼に足りるものであるか）からなる。

21. ①証拠能力の評価には及ばない（318参照）。
    cf. 民訴→証拠方法の無制限。
    ②証拠の証明力の評価は自由である。

□ /	**22.** **B**	有罪認定をするための心証の程度について説明しなさ
□ /		い。
□ /		

□ /	**23.** **B**	自由心証主義（318）の例外について説明しなさい。
□ /		
□ /		

□ /	**24.** **B**	実質的挙証責任と形式的挙証責任の意義及び両者の関
□ /		係について説明しなさい。
□ /		

□ /	**25.** **B**	「疑わしきは被告人の利益に」の原則（利益原則）につ
□ /		いて説明しなさい。
□ /		

□ /	**26.** **B**	犯罪事実及びこれに準ずる事実の実質的挙証責任の所
□ /		在について説明しなさい。
□ /		

22.　　　論理的・自然科学的証明ではなく，歴史的証明で足りるが，合理的な疑いを差し挟む余地がない程度の立証（＝高度の蓋然性の立証，確信）が必要である。ただし，反対事実が存在する疑いを全く残さない場合をいうものではなく，抽象的な可能性としては反対事実が存在するとの疑いをいれる余地があっても，健全な社会常識に照らして，その疑いに合理性がないと一般的に判断される場合には，有罪認定をすることができる（最決平19.10.16）。

　　　　cf.　民訴では，判例は，高度の蓋然性が必要であると解している（最判昭50.10.24）が，学説上は証拠の優越（当該事実の存在を肯定する方向の証拠が，それを否定する方向の証拠を上回るとの程度の証明）で足りるとする見解も有力である。

23.　　(1)　自白の補強証拠の要求

　　　　　　自由心証主義からすれば自白だけでも有罪の確信を抱いた場合には有罪認定が可能なはずであるが，自白偏重を防止する趣旨から，自白が唯一の証拠である場合は有罪とならない（憲38Ⅲ，法319ⅡⅢ）。

　　　　(2)　公判調書の証明力

　　　　　　公判期日における訴訟手続がどのように行われたかが問題となったときは，公判調書に記載されたものは，その記載のみによって証明することができる（52）。

24.　　(1)　意義

　　　　　ア　実質的挙証責任（客観的挙証責任）＝ある要証事実の存否が不明であるときに，これによって不利益な判断を受ける当事者の法的地位

　　　　　イ　形式的挙証責任（主観的挙証責任）＝当事者の立証の負担

　　　　(2)　実質的挙証責任と形式的挙証責任の関係

　　　　　　実質的挙証責任を負担する検察官が，形式的挙証責任を負担するのが原則であるが，検察官の立証が奏功して，裁判所に検察官の立証が真実であるとの心証を抱かせるまでになると，今度は，逆に被告人は有罪判決の危険に直面するので，被告人側で反対立証をして裁判官の心証を崩さなければならない（形式的挙証責任（主観的挙証責任）が被告人に移る場合がある）。

25.　　　犯罪事実については，原則として検察官が，実質的挙証責任（客観的挙証責任）を負う（検察官負担の原則）。したがって，犯罪事実の存在が合理的な疑いをいれないまでに立証されない限り，被告人は無罪とされる（無罪推定）。

26.　　　被告人の刑責の存否・範囲に直接影響する全ての実体法的事実に適用があるため，構成要件該当事実，違法性・有責性を基礎付ける事実，処罰条件や刑の加重減免の事由のほか，量刑に関する事実についても検察官に実質的挙証責任（客観的挙証責任）がある。もっとも，違法性阻却事由や責任阻却事由の不存在については，被告人からの事実主張又は証拠提出を待って，その不存在を立証する実質的挙証責任（客観的挙証責任）が顕在化する。

3
証
拠
法

□ ／
□ ／　27.　🅱　訴訟法的事実の実質的挙証責任の所在について説明し
□ ／　　　　　なさい。

□ ／
□ ／　28.　🅱　実質的挙証責任が被告人側へ転換される例について説
□ ／　　　　　明しなさい。

□ ／
□ ／　29.　🅱　推定の意義及び種類について説明しなさい。
□ ／

□ ／
□ ／　30.　🅱　証拠調べ手続の流れについて説明しなさい。
□ ／

27.　一般論としては，これを主張する当事者に挙証責任がある。
　　ただし，訴訟条件については，検察官に実質的挙証責任がある（通説）。また，自白の任意性については，実質的挙証責任が検察官にあることを前提に，被告人側に任意性を疑わせる一応の証拠の提出を要求する（通説）。

28.　①刑法207条（同時傷害の特例），②刑法230条の2（名誉毀損の事実証明）等の規定により，立証責任が転換されている場合がある。被告人としては合理的疑いをいれない程度まで証明する必要はなく，原則として，いわゆる証拠の優越で足りると解すべき。

29.　(1)　意義
　　　ある事実（前提事実）から他の事実（推定事実）を推認することをいう。
　　(2)　種類
　　　①事実上の推定＝経験則にそって行われるべき推認（ex. 間接事実から要証事実を推認）。合理的自由心証と同義である。
　　　②法律上の推定＝推認のルールが法規化されたもの（本来の推定）（狭義の推定）。推定事実（A）立証の困難を救うために，証明主題を前提事実（B）に切り換えるものをいう。

30.　1．冒頭陳述
　　　検察官は，証拠調べのはじめに，証拠により証明しようとする事実を明らかにしなければならない（296本文）。
　　2．証拠調べの請求
　　　当事者による請求が原則（298Ⅰ）。証拠調べの請求に際しては，証拠と証明すべき事実との関係（立証趣旨）を具体的に明示する必要がある（規189Ⅰ）。
　　　cf. 検察官は，証人の自己矛盾供述を内容とする検察官面前調書（321Ⅰ②後段により証拠とすることができる書面）について，必ずその取調べを請求しなければならない（300）。
　　3．証拠決定
　　　証拠調べの請求に対して，裁判所は決定をもってその採否を決めなければならない（規190Ⅰ）。決定をするには，相手方又はその弁護人の意見を聴かなければならない（規190Ⅱ）。
　　4．証拠調べの範囲・順序・方法の決定
　　　裁判所は，検察官，被告人又は弁護人の意見を聴き，証拠調べの範囲，順序及び方法を定めることができ，また随時これを変更することもできる（297）。
　　5．証拠調べの実施（304以下）

3
証
拠
法

□ /　**31.** Ｂ　証拠調べの種類について説明しなさい。
□ /
□ /

□ /　**32.** Ｂ　証拠能力の要件について説明しなさい。
□ /
□ /

□ /　**33.** Ｂ　自然的関連性の意義について説明しなさい。
□ /
□ /

□ /　**34.** Ｂ　現場写真（犯行の現場を撮影したもの）は供述証拠と
□ /　　　　　見るべきか，非供述証拠と見るべきかについて説明しな
□ /　　　　　さい。

□ /　**35.** Ｂ　説明写真（供述内容を明らかにするために供述の一部
□ /　　　　　として使われる写真）の証拠能力について説明しなさい。
□ /

□ /　**36.** Ｂ　再現写真（供述写真，立会人が犯行状況を再現したと
□ /　　　　　ころを撮影した写真）は供述証拠か非供述証拠かについ
□ /　　　　　て説明しなさい。

31.　(1)　証人尋問（143〜164）
　　　証人とは，裁判所又は裁判官に対して，自分が過去に経験した事実を供述する第三者のことであり，その者の供述を証言という。
　　(2)　鑑定人尋問
　　　鑑定人が，口頭で鑑定結果を報告する場合をいう。
　　(3)　証拠書類の取調べ
　　　証拠書類の取調べは，朗読によって行うのが原則であるが（305），裁判長は，相当と認めるときは，朗読に変えて要旨の告知をすることで足りる（規203の2）。
　　(4)　証拠物の取調べ
　　　証拠物の取調べは，展示によって行う（306）。証拠物たる書面については，展示と朗読による（307）。
　　(5)　被告人質問
　　　ア　任意に供述をする場合には，裁判長は，いつでも必要とする事項についてその供述を求めることができる（311Ⅱ）。
　　　イ　陪席裁判官，検察官，弁護人，共同被告人又はその弁護人は，裁判長に告げてその供述を求めることができる（311Ⅲ）。ただし，被告人は包括的黙秘権（311Ⅰ）を有するため，終始沈黙し，又は個々の質問に対し，供述を拒むことができる。

32.　①自然的関連性，②法律的関連性，③証拠禁止に当たらないとき。

33.　証明しようとする事実に対する必要最小限度の証明力があることをいう。

34.　写真は，人間の知覚・記憶・供述という過程を通して何らかの誤りが生じるのが常態である供述証拠とは比較することができないほど正確であるし，偽造・修正などの危険性は，他の証拠一般にもいえることである（写真だけに限ったことではない）から，非供述証拠と見るべきである（最決昭59.12.21）。

35.　独立の証明力をもたず，供述と一体をなしていると考えられるため，供述の証拠能力が認められるかどうかの問題として処理する。

36.　行動により供述していると考えられるため，供述証拠として扱うべきであるが，写真の場合には，供述録取の過程が，撮影・現像・焼付という機械的操作によって行われており，録取の正確性が担保されているため，署名・押印の要件は不要である（最決平17.9.27・通説，321Ⅰ②③，322Ⅰ類推）。

3
証
拠
法

☐ ／
☐ ／
☐ ／　　**37.**　**B**　写しに証拠能力は認められるかについて説明しなさい。

☐ ／
☐ ／
☐ ／　　**38.**　**A**　科学的証拠に証拠能力（自然的関連性）が認められるための要件について説明しなさい。

☐ ／
☐ ／
☐ ／　　**39.**　**B**　法律的関連性の意義について説明しなさい。

37.　写しは原本に比べて信用性が劣ることから，原則として原本により立証すべきである（310参照）。もっとも，原本の提出が不可能ないし著しく困難な場合を除き，常に原本によって立証すべきであるとする必然性はない。最良証拠の法則ないし写し提出の必要性の問題にすぎず，証拠能力以前の問題だからである。そこで，①原本が存在すること，②写しが原本を忠実に再現したものであること，③写しによっては再現し得ない原本の性状（たとえば，材質，凹凸，透かし模様の有無，重量など）が立証事項とされていないことの要件を満たせば，写しにも証拠能力が認められると解する（東京高判昭58.7.13）。

38.　科学的証拠方法は事実認定の精度を高めると同時に，自白強要を防ぐという人権保障にも資するからその必要性は認められる。もっとも，科学への過信という危険性を内包しているから，自然的関連性は厳格に判断されなければならない。具体的には，①基礎にある科学的原理・法則が確かなものであること，②用いられた特定の科学的技術・手法がこの原理・法則に適合していること③当該事案において②の科学的技術・手法が実際に適用された際の手続が適切であったこと，④当該事案において検査・実験に用いられた資料の採取・保管の態様が適切であったことが必要であると解する。

39.　信用性につき裁判所の心証形成に対して類型的に誤った影響をもたらす危険のないものであることをいう。

3
証
拠
法

□ ／　**40.** **A**　悪性格の立証（素行が悪いことや，前科があることな
□ ／　　　　　　どの事実）を，犯罪事実を認定するための間接事実とし
□ ／　　　　　　て用いること）が許されるかについて説明しなさい。

□ ／　**41.** **B**　伝聞法則の意義について説明しなさい。
□ ／
□ ／

□ ／　**42.** **B**　伝聞証拠の種類について説明しなさい。
□ ／
□ ／

□ ／　**43.** **A**　伝聞証拠の意義について説明しなさい。
□ ／
□ ／

40. 　裁判官が<u>不当な偏見</u>を抱く可能性があるし，<u>争点が拡散</u>するおそれがあることから，原則として<u>許されない</u>。

　もっとも，原則として悪性格の立証が許されないとする趣旨は，上記のような危険を回避するという政策的なものである。そうだとすれば，前科証拠，前科以外の他の犯罪事実（類似事実）については，実証的根拠の乏しい人格評価によって<u>誤った事実認定に至るおそれがないと認められる場合</u>には，間接事実として用いることができる。

　具体的には，犯罪の客観面が立証された場合における<u>主観的要素</u>の立証，特殊な手口等により被告人と犯人の同一性を立証する場合等の立証につき，例外を認めてよい。そして，どのような証拠が許容されるかについては，当該事案の性質，審理の状況，証拠構造を踏まえた他の犯罪行為等に関する証拠の必要性，被告人の受ける不利益の程度などを勘案する必要がある。

　　cf. 被告人と犯人の同一性の認定に用いる場合，①前科に係る犯罪事実や被告人の他の犯罪事実が<u>顕著な特徴</u>を備えていること，②起訴に係る犯罪事実がこの顕著な特徴について<u>相当程度類似</u>していることから，それ自体で両者の犯人が同一であることを<u>合理的に推認</u>させるようなものであることが必要である（最判平24.9.7）。また，主観的要素（故意）を同種前科によって認定する場合も，違法ではないとした判例（最決昭41.11.22）がある。

　　cf. 全く異なる前科・余罪の場合（ex. 暴力犯罪における不正直とか，窃盗事件における忠誠心の欠如）は，そもそも自然的関連性が否定される。

41. 　<u>伝聞証拠の証拠能力</u>を原則として<u>否定</u>する法理（320Ⅰ）をいう。

42. 　①「公判期日における<u>供述に代えて書面を証拠と</u>」するもの，又は②「公判期日外における他の者の<u>供述を内容とする供述を証拠とする</u>」もの（320Ⅰ）をいう。

43. 　伝聞法則の根拠は，供述証拠は<u>知覚・記憶・表現・叙述</u>の過程で誤りが入り込むおそれがあり，これを反対尋問，供述態度の観察，偽証罪による制裁予告によって<u>チェックする機会</u>を確保する点にある。そうすると，形式的に320条1項に定める供述証拠に該当したとしても，上記誤りをチェックする必要がない場合には，伝聞証拠と見る必要はない。

　したがって，伝聞証拠とは<u>公判廷外の供述</u>を内容とする供述証拠であり，その<u>供述内容の真実性立証</u>に用いるものをいうと解すべきである。しかし，ある供述を供述内容の真実性を立証するために用いることになるかどうかは<u>要証事実</u>により変化することである。よって，伝聞か否かは，<u>要証事実</u>との関係で相関的に決せられることになる。

| | | 44. | B | 要証事実と立証趣旨（規179 I）の関係について説明しなさい。 |

45. **A** 精神状態の供述は伝聞か非伝聞かについて説明しない。

46. **B** 犯行計画を書き留めたメモを，共犯者らの謀議の成立過程（ex. 事前共謀に基づく組織的犯行であること）を立証する証拠として使用する場合は，伝聞か非伝聞かについて説明しなさい。

47. **B** 領収書は，伝聞か非伝聞かについて説明しなさい。

44. 要証事実の如何は，当事者主義（256Ⅵ，298Ⅰ，312Ⅰ等）の観点から，当事者の立証趣旨を尊重して考えるべきであるが，それを前提にするとおよそ証拠としては無意味になるような例外的な場合には，実質的な要証事実を認定することができる。

45. 精神状態の供述には，知覚・記憶の過程が欠けており，伝聞ゆえの誤りが生じる危険が小さい。また，表現・叙述の真摯性・正確性は原供述者を反対尋問しなくても供述時の態度や周囲の状況についての第三者の供述によっても検討し得る。さらに，非伝聞としても真摯性を関連性一般の問題として要求すれば，精神状態の供述が無条件に証拠能力を持つことにはならない。よって，非伝聞である（通説）。

46. ⓐメモが共謀参加者に回覧されて謀議が形成されたような場合は，メモの存在と記載自体が証拠となり，非伝聞（非供述証拠ということもできる）である。
ⓑ共謀参加者全員がその場で共通の犯罪意思を形成し，参加者のある者がその計画をメモに書き留めたような場合，作成者の意思との関係で非伝聞（共謀参加者全員が共通の犯罪意思を形成したという事実等を介して，他の参加者の犯罪意思や共謀内容を推認することが可能）である。
ⓒ共謀参加者のうち，指導的地位にある者がその計画を立案したメモであるような場合，指導的地位にある者の意思との関係で非伝聞（作成者が指導的な地位にあったという事実等を介して，他の参加者に犯行を働きかけたことを推認し得る）である。
ⓓ共謀参加者から犯行当日の計画の説明を受けた者が，同様の犯罪意思を形成してその計画を書き留めたような場合，説明を受けた者が形成した犯罪意思との関係で非伝聞（その共謀参加者又は他の共謀参加者らが同一の犯罪意思を持っていたことを推認できる）である。
cf. 例えば，被告人が逮捕時にメモを所持していた場合には，以下のような推認を経ることによって，非供述証拠と見る余地がある。すなわち，メモの記載内容の真実性はともかく，メモの記載内容自体と客観的な犯行の状況を比較検討し，メモの記載通りの犯行が実行されたことが立証されたとすれば，被告人がそのようなメモを所持していたことは，被告人が共謀に加担した者であることを示す有力な情況証拠である。この場合，メモの記載が真実であることを前提として，その記載から犯行の態様を立証するためにメモを使用しているのではなく，犯行の態様とメモの記載が一致することに証拠としての価値を見出していることになる。このように解すれば，メモの存在自体を証拠とする場合であるから，非供述証拠と見る余地がある。

47. ①収賄罪等で領収書が証拠調べ請求された場合において，「領収日や領収金額，摘要に記載された趣旨で代金の交付があったこと」の証拠として用いる場合，内容の真実性が問題となり，伝聞である。
②収賄罪等で領収書が証拠調べ請求された場合において，領収書が作成された上で，相手方に交付され，相手方が受領・保管している事実が別途立証された場合，非伝聞である。

3 証拠法

□	/	**48.**	**B**	伝聞例外（321以下）が認められるための一般的要件について説明しなさい。
□	/			
□	/			

□	/	**49.**	**A**	供述録取書についての伝聞例外について，署名・押印が必要とされる趣旨について説明しなさい。
□	/			
□	/			

□	/	**50.**	**B**	1号書面（裁判官面前調書）（321Ⅰ①）の証拠能力が認められるための要件について説明しなさい。
□	/			
□	/			

□	/	**51.**	**B**	2号書面（検察官面前調書）（321Ⅰ②）の証拠能力が認められるための要件について説明しなさい。
□	/			
□	/			

□	/	**52.**	**B**	証人が証言拒絶権を行使した場合も「供述することができないとき」（321Ⅰ各号）に当たるかについて説明しなさい。
□	/			
□	/			

48. 伝聞証拠ではあっても，反対尋問に代わるほどの「信用性の情況的保障」があり，かつ，その証拠を用いる「必要性」が高い場合があるため，この「必要性」と「信用性の情況的保障」とが認められる場合には，伝聞法則の例外として証拠能力が認められている（321以下）。

49. ①原供述者の供述を録取者が聴いて，②これを録取者が書面に記述したものであるから，二重の伝聞性を有するため，署名・押印により記載が供述どおりであることを確認し，録取の伝聞性（①）を除去することにある。

50. ①「裁判官の面前…における供述を録取した書面」であること（321Ⅰ①）。
②「供述者の署名若しくは押印のある」こと（321Ⅰ柱書）。
③「その供述者が死亡，精神若しくは身体の故障，所在不明若しくは国外にいるため公判準備若しくは公判期日において供述することができないとき」（321Ⅰ①前段，供述不能）又は「供述者が公判準備若しくは公判期日において前の供述と異なった供述をしたとき」（321Ⅰ①後段，相反供述。前の供述の方が詳細で証明力が異なるだけでも足りる）。

51. ①「検察官の面前…における供述を録取した書面」であること（321Ⅰ②）。
②「供述者の署名若しくは押印のある」こと（321Ⅰ柱書）。
③「その供述者が死亡，精神若しくは身体の故障，所在不明若しくは国外にいるため公判準備若しくは公判期日において供述することができないとき」（321Ⅰ②前段，供述不能）又は「公判準備若しくは公判期日において前の供述と相反するか若しくは実質的に異なつた供述をしたとき」（321Ⅰ②後段，相反供述又は実質的不一致供述）。
④相反供述又は実質的不一致供述については，「公判準備又は公判期日における供述よりも前の供述を信用すべき特別の情況の存するとき」（321Ⅰ②ただし書，相対的特信状況）。

52. 各号の列挙事由は，供述を再現することが不可能であって，伝聞証拠であっても証拠として許容する必要性の高い場合を規定しているだけであり，これを特に法の列挙した場合だけに限定すべき理由は乏しい。したがって，証人が証言拒絶権を行使した場合も「供述することができないとき」に当たる（例示列挙説，最大判昭27.4.9）。
　　cf. 例示と等価であることを求める説（下級審判例，東京高判昭63.11.10）＝供述拒否の決意が堅く，翻意して尋問に応ずることはないものと判断される場合など。

3
証
拠
法

□ /
□ /　53.　**A**　外国人供述者が国外に強制退去させられたため供述で
□ /　　　　きない場合も、「国外にいる」（321 I 各号）に当たるかに
　　　　　　ついて説明しなさい。

□ /
□ /　54.　**B**　「相反する」，「実質的に異なった」（321 I ②後段）の意
□ /　　　　義について説明しなさい。

□ /
□ /　55.　**B**　相対的特信状況（321 I ②後段）の意義について説明し
□ /　　　　なさい。

□ /
□ /　56.　**A**　相対的特信情況（321 I ②後段）の判断方法について説
□ /　　　　明しなさい。

□ /
□ /　57.　**B**　一度証人として公判証言した後（A供述），検面調書が
□ /　　　　作成され（B供述），再喚問して証人尋問したところ，検
　　　　　　面調書と異なる供述をした（C供述）場合，B供述が「前
　　　　　　の供述（321 I ②）」に当たるかについて説明しなさい。

□ /
□ /　58.　**B**　3号書面（321 I ③）の証拠能力が認められるための要
□ /　　　　件について説明しなさい。

53.　　退去強制手続と刑事手続は別個の手続であるし，検察官は退去強制に対して影響力を行使することができないことから，原則として「国外にいる」に当たると解される。
　　しかしながら，検察官が，当該外国人がいずれ国外に退去させられ公判準備又は公判期日に供述することができなくなることを認識しながら，殊更そのような事態を利用しようとしたような場合に「国外にいる」として証拠能力を認めることは，憲法37条2項が被告人に反対尋問権を保障した趣旨を害し，妥当でない。そこで，手続的正義の観点から公正さを欠くと認められる場合には，これを事実認定の証拠とすることが許容されないこともあり得る（2号前段書面について最判平7.6.20）。

54.　　他の証拠又は他の立証事項とあいまって，異なる認定を導くようになる場合をいい，より詳細な供述をする場合にもこれに当たる場合がある（最決昭32.9.30）。

55.　　前の供述と公判供述との比較の問題として相対的に前の供述が信用できる場合をいう。

56.　　証拠能力の問題であるから，供述内容に立ち入るべきではない。したがって，原則として，外部的付随事情から判断すべきである。もっとも，321条1項2号後段は，検面調書と公判廷の供述とが「相反するか若しくは実質的に異なった」場合をも証拠能力取得の要件としており，ある程度供述内容に立ち入ることが必要である。そこで，外部的付随事情のほかに，この事情を推認する資料とする限度で供述内容を斟酌することができると解する。
　　cf. この判断方法は3号書面も共通である。

57.　　①Cとの関係においては，Bは前であること，②Cの証言がなされた際に反対尋問をすることができることからしても，趣旨に反しないこと，③特信情況を厳格に判断すれば足りることから，「前の供述」に当たると解する（最決昭58.6.30）。

58.　　①「前2号に掲げる書面以外の書面」であること（321Ⅰ③本文）。
　　②「被告人以外の者が作成した供述書又はその者の供述を録取した書面で供述者の署名若しくは押印のあるもの」であること（321Ⅰ柱書）。
　　③「供述者が死亡，精神若しくは身体の故障，所在不明又は国外にいるため公判準備又は公判期日において供述することができ」ないこと（供述不能，321Ⅰ③本文）。
　　④「その供述が犯罪事実の存否の証明に欠くことができないものである」こと（不可欠性，321Ⅰ③本文）。
　　⑤「その供述が特に信用すべき情況の下にされたものである」こと（絶対的特信状況，321Ⅰ③ただし書）。

□ / 　**59.** **B** 　「その供述が犯罪事実の存否の証明に欠くことができな
□ /
□ / 　　　　　　　いものである」こと（不可欠性，321 Ⅰ ③本文）の意義に
　　　　　　　　　　ついて説明しなさい。

□ / 　**60.** **B** 　公判準備，公判期日の供述録取書（321 Ⅱ前段）の証拠
□ /
□ / 　　　　　　　能力が認められるための要件について説明しなさい。

□ / 　**61.** **B** 　他事件の公判調書の伝聞例外の根拠条文について説明
□ /
□ / 　　　　　　　しなさい。

□ / 　**62.** **B** 　裁判所・裁判官の検証調書（321 Ⅱ後段）の証拠能力が
□ /
□ / 　　　　　　　認められるための要件について説明しなさい。

□ / 　**63.** **B** 　捜査機関の検証調書（321 Ⅲ）の証拠能力が認められる
□ /
□ / 　　　　　　　ための要件について説明しなさい。

□ / 　**64.** **B** 　実況見分調書の伝聞例外の根拠条文について説明しな
□ /
□ / 　　　　　　　さい。

□ / 　**65.** **B** 　実況見分調書における指示説明部分の証拠能力につい
□ /
□ / 　　　　　　　て説明しなさい。

□ / 　**66.** **B** 　鑑定書（321 Ⅳ）の証拠能力が認められるための要件に
□ /
□ / 　　　　　　　ついて説明しなさい。

□ / 　**67.** **B** 　捜査機関の嘱託に基づく鑑定書（鑑定受託者の鑑定書）
□ /
□ / 　　　　　　　の伝聞例外の根拠条文について説明しなさい。

59. その書面に記載された供述を証拠とすると否とによって事実認定に著しい差異を生じさせる可能性がある場合をいう（東京高判昭29.7.24）。

60. 無条件である（「被告人以外の者の公判準備若しくは公判期日における供述を録取した書面」（321Ⅱ前段）でありさえすれば足りる）。

61. 他事件の公判調書は，反対尋問の機会を与えられていない以上，321条2項前段により証拠能力を認めることはできないから，321条1項1号の書面として扱われる（最決昭29.11.11，最決昭57.12.17。昭和57年決定は，乙の収賄被告事件において，贈賄を行った甲が証人として賄賂の趣旨を否認する旨の証言をしたところ，甲の贈賄被告事件の公判調書中同人の被告人としての供述を録取した部分が1号書面として証拠能力を有すると説示した）。

62. 無条件である（「裁判所若しくは裁判官の検証の結果を記載した書面」（321Ⅱ後段）でありさえすれば足りる）。

63. ①「検察官，検察事務官又は司法警察職員の検証の結果を記載した書面」であること，②「その供述者が公判期日において証人として尋問を受け，その真正に作成されたものであることを供述した」こと（321Ⅲ）をいう。

64. 実況見分と検証との差は強制処分であるか任意処分であるかだけで，検証活動の性質に相違はないから，321条3項に求めるべきである（最判昭35.9.8）。

65. 現場指示は調書と一体として証拠能力が認められ，現場供述は独立の供述証拠として扱われる。

66. ①「鑑定の経過及び結果を記載した書面で鑑定人の作成したもの」であること（裁判所又は裁判官の命じた鑑定人の作成した鑑定（165，179等以下）の経過及び結果を記載した書面であること，321Ⅳ），②「その供述者が公判期日において証人として尋問を受け，その真正に作成されたものであることを供述した」こと（321ⅣⅢ）をいう。

67. 鑑定内容が複雑かつ専門的で，口頭によるよりも書面による方が正確を期し得るという点及び鑑定は専門的知識に基づき客観的になされる点で，鑑定人の鑑定の場合と異ならないことから，321条4項を準用すべきである（最判昭28.10.15）。

☐ ／
☐ ／
☐ ／　　　**68.** **B**　　私人（非捜査機関）の作成した実況見分書面の伝聞例外の根拠条文について説明しなさい。

☐ ／
☐ ／
☐ ／　　　**69.** **B**　　被告人の供述書，供述録取書（322Ⅰ）に証拠能力が認められるための要件について説明しなさい。

☐ ／
☐ ／
☐ ／　　　**70.** **B**　　被告人の公判準備又は公判期日における供述を録取した書面（322Ⅱ）に証拠能力が認められるための要件について説明しなさい。

☐ ／
☐ ／
☐ ／　　　**71.** **B**　　特信文書（323）の種類について説明しなさい。

☐ ／
☐ ／
☐ ／　　　**72.** **B**　　「特に信用すべき情況」（323③）の意義について説明しなさい。

☐ ／
☐ ／
☐ ／　　　**73.** **B**　　特信文書（323）の判断資料について説明しなさい。

68. 　321条3項が書面の作成主体を「検察官，検察事務官又は司法警察職員」と限定
している趣旨は，法律上捜査の職務と権限を有する公務員であり，その検証結果を
信用し得る資質上，制度上の保証を備えている者に限定したものであるから，同条
項を準用することは許されない。他方，321条4項は，訴訟に利害関係を有さない
鑑定人が特別な知識経験をもって作成したもので，性質上正確性が担保されている
と評価できるから緩やかに証拠能力を認めたものであり，特別の学識経験を有する
者が，その学識経験に基づいて実験を行い，その考察結果を報告したものであれば，
4項の準用を認めてよい（最決平20.8.27）。

69. ①「被告人が作成した供述書又は被告人の供述を録取した書面で被告人の署名若
　　しくは押印のあるもの」であること（322Ⅰ本文）。
　②「その供述が被告人に不利益な事実の承認を内容とするものであるとき，又は
　　特に信用すべき情況の下にされたものであるとき」（322Ⅰ本文）。
　③「被告人に不利益な事実の承認を内容とする書面は…任意にされたものでない
　　疑があると認め」られないこと（322Ⅰただし書）。

70. 「その供述が任意にされたものであると認め」られること（322Ⅱ）をいう。

71. ①公務文書（323①）＝戸籍謄本，公正証書謄本その他公務員がその職務上証明
　　することができる事実についてその公務員の作成した書面。
　②業務文書（323②）＝商業帳簿，航海日誌その他業務の通常の過程において作
　　成された書面。業務遂行過程で作成されること，継続的に（さらには規則的機
　　械的かつ連続的に）作成されることが必要。
　③その他の特信文書（323③）＝前2号に掲げるものの外特に信用すべき情況の
　　下に作成された書面。

72. 　323条各号の書面は，類型的に高度の信用性の情況的保障と必要性があるので，
無条件に証拠能力が認められている。とすれば，321条1項3号の「特に信用すべ
き情況」よりさらに高度の外部的事情を指し，同条1号2号に準ずる程度の高度の
信用性を指す（最判平31.3.27参照）。

73. 　業務の通常の過程において作成されたかどうかは必ずしも書面自体から明らかで
はない場合も決して少なくない。また判断資料を書面自体に限定すると，そのよう
な文書は321条1項3号の厳しい要件を充足した場合しか証拠能力を肯定するこ
とができないこととなるが，過去の出来事の痕跡としての物的証拠たる性格を併せ
持つ実質的に価値の高い証拠を失うこととなって実体的真実発見の見地から好まし
くない。したがって，当該書面自体の形状，内容だけでなく，その作成者の証言等
も資料とすることができる（3号文書について最判昭29.12.2，2号文書について
最決昭61.3.3など）。

□ / □ / □ /	**74.**	**B**	伝聞証人の証言（324）に証拠能力が認められるための要件について説明しなさい。

□ / □ / □ /	**75.**	**B**	被告人の公判準備又は公判期日における供述で，被告人以外の者の供述を内容とするものの伝聞例外の根拠条文について説明しなさい。

□ / □ / □ /	**76.**	**A**	再伝聞に証拠能力が認められるかについて説明しなさい。

□ / □ / □ /	**77.**	**B**	同意書面（326）の意義について説明しなさい。

□ / □ / □ /	**78.**	**B**	同意（326）の法的性質について説明しなさい。

74.　①被告人以外の者の公判準備又は公判期日における供述で，被告人の供述を内容
とするものは，322条の規定を準用する（324Ⅰ）。
②被告人以外の者の公判準備又は公判期日における供述で，被告人以外の者の供
述を内容とするものは，321条1項3号の規定を準用する（324Ⅱ）。

75.　被告人に不利益なものであるときは322条1項を，被告人に利益なものである
ときは321条1項3号を準用すべきである。

76.　320条1項は，伝聞証拠は「公判期日における供述に代えて」証拠とすることが
できないとしているため，伝聞例外の場合は，伝聞証拠が公判廷の供述に代わる
ことになり，その中に含まれる伝聞は，公判廷における伝聞と同じに取り扱われなけ
ればならない。したがって，再伝聞部分についても，伝聞例外の要件を満たすので
あれば，証拠能力が認められる（最判昭32.1.22）。

77.　検察官及び被告人が証拠とすることに同意した書面又は供述は，その書面が作成
され又は供述されたときの情況を考慮し，相当と認めるときに限り，321条ないし
325条の規定にかかわらず，証拠とすることができる（326Ⅰ）。

78.　証拠能力付与説（実務）＝同意の性質が反対尋問権の放棄だと，被告人による反
対尋問が考えられない322条の被告人の供述調書（自白調書）も同意の対象
としていることを説明できない（326条は「第321条乃至前条の規定にかか
わらず…証拠とすることができる」と定めている）。また，供述調書に同意し
た後で，原供述者の証人尋問請求が行われる実務の取扱いも説明できない。し
たがって，証拠能力を付与する行為と見るべきである。
反対尋問権放棄説＝反対尋問権は放棄が許されない権利ではないし，伝聞証拠で
あっても，その内容に争いがないため反対尋問の必要がない場合，反対尋問を
することによってかえって不利益な供述や態度証拠を提供するおそれがある場
合等には，当事者が反対尋問権を行使せずに，伝聞証拠をそのまま証拠とする
ことを認めても不利益はない。したがって，反対尋問権の放棄と捉えるべきで
ある。
伝聞性解除行為説＝伝聞法則の根拠は，反対尋問権の保障にとどまらず，直接主
義をも併せて保障したものである。また，326条は，条文上，伝聞例外の規定
として位置付けられていることは明らかであり，伝聞法則という枠組みを超え
て，同意を当事者の積極的な証拠能力付与行為と捉えることはできない。した
がって，同意を公判廷外供述であることを理由として証拠能力を否定する責問
権を放棄する（伝聞証拠である原供述の伝聞性を解除する行為である）ことと
捉えるべきである。

☐ ／
☐ ／
☐ ／　**79.**　**B**　同意の法的性質に関する３つの見解から，①同意書面の原供述者の証人尋問の可否，②自白調書に対する同意の可否，③違法収集証拠に対する同意の可否について説明しなさい。

☐ ／
☐ ／
☐ ／　**80.**　**B**　擬制同意（326Ⅱ）の意義について説明しなさい。

☐ ／
☐ ／
☐ ／　**81.**　**B**　合意書面（327）の意義について説明しなさい。

☐ ／
☐ ／
☐ ／　**82.**　**B**　証明力を争う証拠（弾劾証拠（328））の意義について説明しなさい。

---

79. ①同意書面の原供述者の証人尋問の可否
 (a)反対尋問権放棄説→認められない（ただし，反対尋問権の放棄の対象は証拠の許容性のみである，弁護技術としてこの方法を認める必要性があるとして，肯定する見解がある）。
 (b)証拠能力付与説→認められる。
 (c)伝聞性解除行為説→認められる（∵同意は，過去に行われた公判廷外での供述（伝聞証拠）の証拠能力を否定する責問権を放棄するにとどまり，同意したからといって，公判廷における原供述者に対する証人尋問請求権を放棄したことを意味するものにはならない）。
②自白調書に対する同意の可否
 (a)反対尋問権放棄説＝自白の任意性を争わないという証拠調べ手続上の効果を生じさせる，その任意性に関する部分を問題としないという責問権の放棄である（反対尋問が考えられない）。
 (b)証拠能力付与説＝認められる。
 (c)伝聞性解除行為説＝認められる（∵直接主義に反するという観点は払しょくされていない）。
③違法収集証拠に対する同意の可否
 (a)反対尋問権放棄説＝認められない（ただし，326条1項による同意とは別の責問権の放棄として証拠能力が肯定されることがある）。
 (b)証拠能力付与説＝認められる。
 (c)伝聞性解除行為説＝認められない（同意したこと自体の効果として証拠能力が付与されるということはない）。

80. 被告人が出頭しないでも証拠調べを行うことができる場合において，被告人が出頭しないときは，同意があったものとみなす（ただし，代理人又は弁護人が出頭したときは，この限りでない）(326Ⅱ)。退廷命令を受け，審理が進められる場合(341)も擬制同意が認められる（最決昭53.6.28）。

81. 「裁判所は，検察官及び被告人又は弁護人が合意の上，文書の内容又は公判期日に出頭すれば供述することが予想されるその供述の内容を書面に記載して提出したときは，その文書又は供述すべき者を取り調べないでも，その書面を証拠とすることができる」(327)。

82. 「第321条乃至第324条の規定により証拠とすることができない書面又は供述であつても，公判準備又は公判期日における被告人，証人その他の者の供述の証明力を争うためには，これを証拠とすることができる」(328)。

3
証
拠
法

☐ __/__	83. **A**	「証拠」(328)の範囲について説明しなさい。
☐ __/__		
☐ __/__		

☐ __/__	84. **B**	「証明力を争う」(328)に証明力を増強する場合や回復
☐ __/__		する場合を含むかについて説明しなさい。
☐ __/__		

☐ __/__	85. **B**	弾劾証拠(328)は「前の供述」である必要があるかに
☐ __/__		ついて説明しなさい。
☐ __/__		

☐ __/__	86. **B**	自白(319)の意義について説明しなさい。
☐ __/__		
☐ __/__		

☐ __/__	87. **B**	自白法則(319Ⅰ)の意義について説明しなさい。
☐ __/__		
☐ __/__		

☐ __/__	88. **A**	自白法則(319Ⅰ)の根拠(「その他任意にされたもの
☐ __/__		でない疑のある自白」の意義)について説明しなさい。
☐ __/__		

83. 328条が弾劾証拠について証拠能力を肯定している理由は，自己矛盾の供述はその供述の存在自体によって証言の証明力がその分減退し，弾劾目的が達成されるためである。一方で，証明力を減殺するために他人の供述を使用できるのは，その供述の内容が真実であることが前提となるから，自己矛盾供述以外の供述も「証拠」に含まれるとすると，証拠能力のない証拠により裁判所の心証が形成されることになり，伝聞法則が骨抜きとなるおそれがある。したがって，「証拠」とは，自己矛盾供述に限るべきである（限定説，最判平18.11.7）。すなわち，本条は，非伝聞について証拠能力が認められることを注意的に規定したものにすぎない。

84. 増強証拠まで含むとすると，証明力の弱い供述を同一趣旨の証明力の強い供述で補強するものであるから，本来証拠能力のない証拠により裁判官に心証を形成させることになってしまう。他方，「争う」とする文言からは，増強証拠を含むことはできないが，回復証拠の提出は弾劾証拠に対する弾劾（再弾劾）であり，結果的に元の供述の証明力が回復されるのであるから，「証明力を争う」に含まれるといえる。したがって，増強証拠は含まれないが，回復証拠は含まれると解する（福岡高判昭30.2.28，東京高判昭54.2.7など）。

85. 条文に制限がないし，そもそも弾劾証拠は伝聞ではないことから，「前の供述」である必要はない（最判昭43.10.25）。

86. 自己の犯罪事実の全部又はその重要部分を認める被告人の供述をいう。
cf. 不利益な事実の承認＝犯罪事実の認定の基礎となる間接事実を認める供述の全てが含まれる（最決昭32.9.30）。

87. 「強制，拷問若しくは脅迫による自白又は不当に長く抑留若しくは拘禁された後の自白は，これを証拠とすることができない」（憲38Ⅱ）。
「強制，拷問又は脅迫による自白，不当に長く抑留又は拘禁された後の自白その他任意にされたものでない疑のある自白は，これを証拠とすることができない」（319Ⅰ）。

88. 虚偽排除説＝不任意な自白は，その内容が虚偽のおそれがあるので排除される。「その他任意にされたものでない疑のある自白」とは，類型的に虚偽の自白のおそれがある自白をいう。
人権擁護説＝黙秘権を中心とする被告人の人権保障のため，強制自白などが排除される。「その他任意にされたものでない疑のある自白」とは，人権侵害のおそれが高い自白をいう。
違法排除説＝自白採取過程における手続の適正・合法性を担保する点にある。「その他任意にされたものでない疑のある自白」とは，自白採取過程に憲法や刑事訴訟法の所期する基本原則に違反するような重大な違法があり，これを証拠として採用することが将来の違法捜査抑止の観点から相当でない自白をいう。

3 証拠法

□　/	**89.**	**B**	反復自白の証拠能力の判断方法について説明しなさい。
□　/			
□　/			

□　/	**90.**	**B**	任意性のない自白（違法に得られた自白）に基づいて発見された証拠物（派生証拠）の証拠能力について説明しなさい。
□　/			
□　/			

□　/	**91.**	**B**	被告人以外の第三者の任意性のない供述の証拠能力について説明しなさい。
□　/			
□　/			

□　/	**92.**	**B**	補強法則（319Ⅱ）の意義について説明しなさい。
□　/			
□　/			

□　/	**93.**	**A**	補強証拠（319Ⅱ）は，どのような証拠であっても許されるか（補強証拠適格）について説明しなさい。
□　/			
□　/			

89. 任意性説（虚偽排除説，人権擁護説）から＝当初の取調べ方法の影響をいったん遮断し，その後は適法な取調べをすれば，その後の自白と違法な取調べ方法との間の因果関係はなく，任意性のある自白を得ることができる場合があり得る。したがって，先行の問題ある取調べと後の自白との間にも因果関係があるかを，当初の取調べの影響力，両自白間の関連性等の要素によって判断する。
　　　違法排除説から＝毒樹の果実論で処理する。

90. 虚偽排除説から＝派生証拠の証拠能力を否定することは難しい。
　　　人権擁護説から＝黙秘権を中心とする人権擁護の目的を完遂するため，違法収集証拠排除法則等によって派生証拠の証拠能力を排除する場合があり得る。
　　　違法排除説から＝毒樹の果実論の一場面とする（大阪高判昭52.6.28）。

91. 虚偽排除説から＝自白は供述者自らに対する不利益性のゆえに過信されやすい（虚偽排除の観点）のであって，第三者の供述（自白）の場合にはあてはまらない。したがって，証明力の問題にすぎない。
　　　人権擁護説から＝第三者の取調べについては供述の強要という違法な捜査が頻発する事実的前提に欠けるから，自白法則と同様の原理に従わせる必要はない。また，第三者は被告人と異なり，憲法上黙秘権が保障されているわけではないから，単に供述の自由を中心とする人権を侵害するおそれのある違法が存するだけでは足りない。そこで，純粋な第三者の場合，原則として証明力の問題に過ぎないが，例外的に，違法の重大性が認められる場合（任意性が欠如する場合）には，証拠能力が欠如する（319Ⅰ準用）と解する。
　　cf. 共同被告人の場合には，自白法則の趣旨があてはまるから，被告人の場合と同様に考えられる（単に供述の自由を中心とする人権を侵害するおそれのある違法が存するかどうかで判断する）。
　　　違法排除説から＝申立適格の問題。

92. 「何人も，自己に不利益な唯一の証拠が本人の自白である場合には，有罪とされ，又は刑罰を科せられない」（憲38Ⅲ）。
　　　「被告人は，公判廷における自白であると否とを問わず，その自白が自己に不利益な唯一の証拠である場合には，有罪とされない」（319Ⅱ）。

93. 補強証拠も犯罪事実認定のための実質証拠であるから，証拠能力が必要である。また，自白偏重による誤判防止という補強法則の趣旨からすれば，自白との独立性が必要である。したがって，補強証拠は，証拠能力があり，自白からの独立性が認められなければならない。

□	/	
□	/	**94.** **B** 被告人の供述が補強証拠適格を有する場合について説明しなさい。
□	/	

□	/	
□	/	**95.** **A** いかなる範囲の事実につき補強が必要であるかについて説明しなさい。
□	/	

□	/	
□	/	**96.** **B** 補強証拠による補強の程度についてはいかに解すべきかについて説明しなさい。
□	/	

□	/	
□	/	**97.** **A** 違法収集証拠排除法則が認められる要件をどのように考えるべきかについて説明しなさい。
□	/	

□	/	
□	/	**98.** **A** 先行手続に違法があるものの，後行手続は任意になされている場合，後行手続は違法性を帯びることになるかについて説明しなさい。
□	/	

□	/	
□	/	**99.** **A** 違法な手続で収集された第1次証拠（毒樹）に基づいて発見された第2次証拠（派生的証拠＝果実）もまた排除されるとすべきかについて説明しなさい。
□	/	

94. 被告人の供述や実質的には被告人の自白の繰り返しに過ぎない供述は，原則として，補強証拠適格がない。ただし，嫌疑を受ける前に捜査とは無関係に作成された記録に類するものは，犯罪発覚前に犯罪捜査と関係なく都度記入されているため，自白強要の危険はなく，高度の信用性があり，誤判防止の観点からも問題が少ないため，例外的に補強証拠となり得る（最決昭32.11.2，ex. 被告人の日記帳，備忘録，メモ）。

95. 実質説（最判昭23.10.30）＝そもそも自白法則（319Ⅰ）によって，任意性を備えた完全な自白であること，補強法則は，自白偏重による誤判を防止するためのものであることから，自白の真実性を担保する何らかの補強証拠があればよい。
　　罪体説（通説）＝犯罪事実の客観的側面の全部又は重要な部分（罪体）につき補強証拠が必要であるが，罪体の範囲は何人かの犯罪行為による被害の発生（ex. 他殺死体）で足りる（罪体の範囲については争いあり）。

96. 補強法則の趣旨は，誤判防止のため自白の偏重を避け，自白のみでは被告人を有罪としないという点にあるから，補強証拠は，自白の真実性を保障するに足りるものであればよい。したがって，自白とあいまって，犯罪事実を証明できる程度であれば足りる（相対説，最判昭46.4.20）。

97. 適正手続の保障（憲31），司法の廉潔性，将来における違法捜査抑止の見地から，証拠を排除すべき場合がある。しかし，違法収集証拠であっても証拠価値は異ならないため，真実発見の見地から，およそ違法があった場合に全て排除するのは妥当でない。そこで，ⓐ令状主義の精神を没却するような重大な違法が存在すること（違法重大性），ⓑ違法抑止の必要上排除が相当であること（排除相当性）が必要である。なお，判断要素として，手続違反の程度，手続違反がなされた状況（偶然性，緊急性），手続違反の有意性，手続違反の頻発性，手続違反と当該証拠獲得との因果性，事件の重大性，証拠の重要性がある。

98. 確かに，先行手続と後行手続は別個なものではある。しかし，先行手続の違法が後行手続に全く影響を及ぼさないとすると，司法に対する国民の信頼保護（司法の廉潔性）・将来の違法捜査の抑制・手続的正義（適正手続）の確保（憲31参照）という違法収集証拠排除法則の趣旨を没却してしまう。そこで，両手続に密接な関連性がある場合には違法性が承継されると解すべきである。

99. ①第1次的証拠の収集方法の違法の程度と，②収集された第2次的証拠の重要さの程度，③両証拠間の関連性の程度などを考慮し総合的に判断すべきである（最判昭58.7.12伊藤裁判官補足意見）。
　　cf. 独立入手源の法理：派生的証拠が独立の捜査活動の成果である場合には証拠能力を肯定してよいとする法理。
　　cf. 希釈化の法理：両証拠のつながりが薄く希釈されてしまっているといえる場合には証拠能力を肯定してよいとする法理。

3 証拠法

| | | 100. | B | 被告人が証拠とすることに同意したときは，違法収集証拠でも証拠能力を肯定してよいかについて説明しなさい。 |

| | | 101. | B | 違法な証拠収集手続の被処分者以外の者が，違法収集証拠排除法則に基づく証拠排除を主張することができるかについて説明しなさい。 |

| | | 102. | B | 私人による違法収集証拠であっても，排除法則の適用はあるかについて説明しなさい。 |

| | | 103. | A | 共同被告人に同一手続内で証人適格が認められるかについて説明しなさい。 |

| | | 104. | A | 共同被告人の手続を分離した（313）場合，証人適格が認められるかについて説明しなさい。 |

| | | 105. | B | 共同被告人の供述に証拠能力が認められるかについて説明しなさい。 |

| | | 106. | B | 共同被告人の法廷外での供述の伝聞例外の根拠について説明しなさい。 |

| | | 107. | B | 共犯者の自白に補強証拠を要するかについて説明しなさい。 |

100. 　当事者主義の観点からは，当事者の訴訟行為の自由を重視すべきであり，原則として同意によって証拠能力を認めるべきであるが，手続的瑕疵が当事者の処分を許さないほど著しく不正義なものである場合には証拠能力は失われる（最大判昭36.6.7，福岡高判平7.8.30参照）。

101. 　司法の廉潔性，将来における違法捜査抑止から，違法な証拠収集手続の被処分者以外の者も主張できる（通説）。

102. 　私人による場合には，適正手続の保障，違法の抑止効とは無関係であるから，原則として，証拠能力が認められる。もっとも，捜査の一環と評価できる場合には，違法の抑止効の問題ということができるし，私人による収集であっても，違法の程度が高い場合には，これを証拠とすることが司法の廉潔性との関係で問題があるから，捜査の一環と評価できる場合，又は違法の程度が高く公正さを容認できない場合には，認められない。

103. 　共同被告人といえども，当該手続においては被告人であるから，被告人の証人適格の問題と同様に考えるべきであり，そうすると，黙秘権を有するのは同様であるし，肯定すると，共同被告人の意思に反して証言を強制し得ることになるおそれがある（154，160参照）。また，証人適格を認めるための手続規定がない。よって，証人適格はない（通説）。

104. 　手続を分離した以上，訴外第三者にすぎないし，供述義務を課しても，証言拒否権（146）によって自己に不利益な事実については証言拒否できるから，証人適格が認められる（最判昭35.9.9）。
　　cf. 手続を分離した上で証人尋問する場合，分離が永続的であることが保障されなければならないとする説もある。

105. 　被告人質問（311ⅡⅢ）によっても反対尋問が不可能であるわけではないから，認められる（最判昭28.10.27）。
　　cf. 反対尋問（質問）が功を奏した限りで，証拠能力を有すると解する説もある。

106. 　共同被告人は，他の共同被告人からすれば第三者であるし，反対尋問権を保障する必要があるから，321条によるべきである（最決昭27.12.11）。
　　cf. 321条と322条の要件を両方必要とする説もある。

107. 　共犯者は第三者であるし，補強証拠は自由心証主義の例外であるから，厳格に解すべきである。したがって，補強証拠は不要である（最大判昭33.5.28）。

☐ ／　　　**108.** **B**　　　共犯者の供述の補強証拠能力について説明しなさい。
☐ ／
☐ ／

108.　　共犯者はあくまでも第三者であるから，共犯者の供述を補強証拠とすることができる（最大判昭51.10.28参照）。

4 公判の裁判

☐ / **1.** **B** 実体的裁判の種類について説明しなさい。
☐ /
☐ /

☐ / **2.** **B** 有罪判決の要件について説明しなさい。
☐ /
☐ /

☐ / **3.** **B** 有罪の言渡しをする際に示すべき事項について説明し
☐ / なさい。
☐ /

☐ / **4.** **A** 複数の犯罪事実を択一的に認定する場合,「犯罪の証明
☐ / があった」(333)といえるか,又は「罪となるべき事実」(335
☐ / Ⅰ)として十分かについて,
①不特定認定(共同正犯の訴因において,実行行為者
を択一的に認定する場合のように,同一構成要件内
の事実に関して,不特定な認定(概括的認定)を行
うこと)
②予備的認定(殺人と傷害致死のように,択一関係に
ある事実A・Bが別個の構成要件に該当するが,A・
Bに構成要件的重なり合いがある場合)
③狭義の択一的認定(死体遺棄又は保護責任者遺棄,
窃盗又は盗品等無償譲受けのように,異なる構成要
件に渡り,A・Bいずれについても認定の可能性が
あり,そのいずれかが判明しない場合)
のそれぞれの場合について説明しなさい。

☐ / **5.** **B** 判決において余罪を考慮することは可能かについて説
☐ / 明しなさい。
☐ /

☐ / **6.** **B** 無罪判決の要件について説明しなさい。
☐ /
☐ /

4　公判の裁判

1.　有罪判決，無罪判決

2.　「被告事件について犯罪の証明があつた」こと（333 I）をいう。

3.　「罪となるべき事実，証拠の標目及び法令の適用」（335 I）である。

4.　①全体として一定の犯罪事実について，「合理的な疑いをいれない」程度の証明がなされているといえれば，可能（被告人が特定の構成要件に該当する行為を行ったことが他の事実と区別して明確な識別ができる限り，概括的な認定をして有罪判決を言い渡すことが可能）である。ただし，量刑の際に「疑わしきは被告人の利益に」の原則に従って，軽い犯情について量刑することになる。
　　②軽い限度では，「合理的な疑いをいれない」証明がなされているから，軽い限度で認定可能である。
　　③論理的択一関係にある場合（前者），論理的択一関係にあるわけではないが第3の可能性がない場合（後者）には軽い方の罪で認定する（秘められた択一的認定，前者の場合について札幌高判昭61.3.24）。
　　cf.「A罪又はB罪」という形で認定することができないことは見解の一致を見ている。
　　∵利益原則に反する。
　　∵個別特定の構成要件ではなく，合成的構成要件によって被告人を処罰することはやはり罪刑法定主義に反する。

5.　余罪を実質的に処罰することは，不告不理の原則，証拠裁判主義，自白の補強法則，二重処罰の禁止に反する。しかし，量刑は，全ての事情を考慮して裁判所が適当に決するものである。したがって，余罪を実質的に処罰する趣旨の場合は許されないが，量刑の一資料とすることは可能である（最大判昭41.7.13）。

6.　「被告事件が罪とならないとき，又は被告事件について犯罪の証明がないとき」（336）である。

□ /	7.	**B** 形式的裁判の種類について説明しなさい。

□ /
□ /

□ /	8.	**B** 判決の効力のうち，確定力の内容について説明しなさい。

□ /
□ /

□ /	9.	**B** 既判力の意義について説明しなさい。

□ /
□ /

□ /	10.	**B** 一事不再理効（337①）の意義について説明しなさい。

□ /
□ /

□ /	11.	**B** 一事不再理効（337①）の趣旨について説明しなさい。

□ /
□ /

□ /	12.	**B** 一事不再理効（337①）の生じる事物的範囲（客観的範囲）について説明しなさい。

□ /
□ /

□ /	13.	**B** 公訴事実の同一性が認められる場合で，同時訴追が「事実上」（実際上）不可能であったという場合（事実上の同時訴追不可能）や，親告罪と非親告罪が科刑上一罪の関係にある場合（例えば，器物損壊とその手段たる住居侵入）に，告訴がないため非親告罪部分のみ起訴され実体裁判が確定したとき（法律上の同時訴追不可能）にも一事不再理効が及ぶのかについて説明しなさい。

□ /
□ /

□ /	14.	**B** 一事不再理効の生じる時間的範囲について説明しなさい。

□ /
□ /

7. 管轄違いの裁判，公訴棄却判決，公訴棄却決定，免訴判決

8. ①形式的確定力＝確定裁判の当該手続における効力をいい，上訴審で，取消し・変更ができなくなる。
②内容的確定力（実質的確定力）＝裁判の意思表示の内容が確定し，後訴裁判所はこれに矛盾する判断ができなくなる（ほかに，一事不再理効（既判力），執行力が生じる）。

9. 一事不再理効のことを指すことが多い。

10. 同一事件について後の訴追ないし審理を遮断する効力をいう（337①）。

11. 有罪判決を受ける危険にさらされた被告人が再度同じ危険にさらされることは，被告人の人権保障の観点から問題があるため，これを禁止した（二重の危険（憲39））。

12. 一事不再理効の根拠は，二重の危険から被告人を免れさせる点にある（憲39）。そして，訴因変更は公訴事実の同一性がある範囲で可能である以上，同一手続内で有罪の危険にさらされる点から，一事不再理効は，公訴事実の同一性が認められる範囲において発生することになる（通説）。

13. 二重の危険という場合の「危険」とは，ある程度抽象化された危険を意味すると解すべきところ，これらのいずれの場合にも，同時訴追の抽象的な可能性はあった（前者の場合は，捜査・訴追機関に発覚する可能性があり，後者の場合は告訴がなされる可能性があった）といえるから，一事不再理効が及ぶ（通説）。

14. 事実審理が法律上可能な最後の時（原則として第1審判決言渡しの時，例外的に控訴審の破棄自判の時，大阪高判昭27.9.16）である。

4
公判の裁判

☐ / ☐ / ☐ /	**15.**	**B**	一事不再理効の生じる人的範囲（主観的範囲）につい て説明しなさい。

☐ / ☐ / ☐ /	**16.**	**B**	単純窃盗で起訴された前訴が確定した後，その単純窃 盗と常習窃盗の関係に立つと思われる窃盗が単純窃盗と して起訴された場合（後訴で起訴された単純窃盗は前訴 確定前に犯されていたとする），後訴裁判所は常習窃盗の 一部をなすとして，一事不再理効が及び免訴判決を下す べきかについて説明しなさい。

☐ / ☐ / ☐ /	**17.**	**B**	免訴判決が実体裁判か形式裁判かについて説明しなさ い。

☐ / ☐ / ☐ /	**18.**	**B**	免訴判決に一事不再理が生ずるかについて説明しなさ い。

15. 被告人のみである。

16. 当事者主義的訴訟構造（256Ⅵ，312Ⅰなど）の下，審判対象は検察官が主張する具体的犯罪事実たる訴因であるから，基本的には，各訴因のみを基準としてこれらを比較対照して公訴事実の同一性（単一性）を判断するのが相当であり，訴訟手続に上程されていない常習性の発露という要素について実体に踏み込んで考慮する必要はない。もっとも，訴因自体において実体的に一罪を構成するかどうかにつき検討すべき契機が存在する場合は例外的に，実体について判断すべきである（最判平15.10.7）。

17. 免訴事由が存在するのに実体審理を続けることは，制度的に何の利益・必要もないから，形式裁判である（最大判昭23.5.26）。

18. 免訴事由とされているものは，いずれも特定の犯罪行為についていったん発生すれば，後にその事由が消滅する可能性の認められないものであるから，免訴判決を形式裁判としても，免訴とは一度このような事由が発生した以上，その訴因についてはおよそ訴訟遂行を許さない趣旨である。また，免訴は実体的訴訟条件であり，その存否を判断する上で，一定程度審理に踏み込んでいるため，二重の危険の法理が妥当する。よって，一事不再理が生じる（通説）。

重要判例要旨一覧

アガルート講師陣が重要と考える
刑事訴訟法の判例をセレクトし，
特に記憶してほしいキーワード及
び結論部分を強調している。赤
シートを用いることにより，穴埋
め問題の形式になる。

☐　／　☐　／　☐　／

最決平6.9.16

事 案

　派出所に電話をかけてきた被告人の異常な言動等から，覚せい剤使用の嫌疑を抱いた警察官らが，被告人運転車両のエンジンキーを引き抜き取り上げるなどして，被告人による運転を阻止し，任意同行を求めて約６時間半以上にわたり被告人を道路上に留め置いた上，尿を強制採取するための捜索差押許可状（以下「強制採尿令状」という。）の発付を得て，これにより，被告人を病院まで連行し，その尿を採取したところ，その尿中から覚せい剤が検出された。

要 旨

「１　本件における強制採尿手続は，被告人を本件現場に６時間半以上にわたって留め置いて，職務質問を継続した上で行われているのであるから，その適法性については，それに先行する右一連の手続の違法の有無，程度をも十分考慮してこれを判断する必要がある（最高裁昭和……61年４月25日……判決……参照）。

　２　そこで，まず，被告人に対する職務質問及びその現場への留め置きという一連の手続の違法の有無についてみる。

　(1)　職務質問を開始した当時，被告人には覚せい剤使用の嫌疑があったほか，幻覚の存在や周囲の状況を正しく認識する能力の減退など覚せい剤中毒をうかがわせる異常な言動が見受けられ，かつ，道路が積雪により滑りやすい状態にあったのに，被告人が自動車を発進させるおそれがあったから，前記の被告人運転車両のエンジンキーを取り上げた行為は，警察官職務執行法２条１項に基づく職務質問を行うため停止させる方法として必要かつ相当な行為であるのみならず，道路交通法67条３項に基づき交通の危険を防止するため採った必要な応急の措置に当たるということができる。

　(2)　これに対し，その後被告人の身体に対する捜索差押許可状の執行が開始されるまでの間，警察官が被告人による運転を阻止し，約６時間半以上も被告人を本件現場に留め置いた措置は，当初は前記のとおり適法性を有しており，被告人の覚せい剤使用の嫌疑が濃厚になっていたことを考慮しても，被告人に対する任意同行を求めるための説得行為としてはその限度を超え，被告人の移動の自由を長時間にわたり奪った点において，任意捜査として許容される範囲を逸脱したものとして違法といわざるを得ない。

　(3)　しかし，右職務質問の過程においては，警察官が行使した有形力は，エ

ンジンキーを取り上げてこれを返還せず，あるいは，エンジンキーを持った被告人が車に乗り込むのを阻止した程度であって，さほど強いものでなく，被告人に運転させないため必要最小限度の範囲にとどまるものといえる。また，路面が積雪により滑りやすく，被告人自身，覚せい剤中毒をうかがわせる異常な言動を繰り返していたのに，被告人があくまで磐越自動車道で宮城方面に向かおうとしていたのであるから，任意捜査の面だけでなく，交通危険の防止という交通警察の面からも，被告人の運転を阻止する必要性が高かったというべきである。しかも，被告人が，自ら運転することに固執して，他の方法による任意同行をかたくなに拒否するという態度を取り続けたことを考慮すると，結果的に警察官による説得が長時間に及んだのもやむを得なかった面があるということができ，右のような状況からみて，警察官に当初から違法な留め置きをする意図があったものとは認められない。これら諸般の事情を総合してみると，前記のとおり，警察官が，早期に令状を請求することなく長時間にわたり被告人を本件現場に留め置いた措置は違法であるといわざるを得ないが，その違法の程度はいまだ令状主義の精神を没却するような重大なものとはいえない。

3　次に，強制採尿手続の違法の有無についてみる。

(1)　記録によれば，強制採尿令状発付請求に当たっては，職務質問開始から午後1時すぎころまでの被告人の動静を明らかにする資料が疎明資料として提出されたものと推認することができる。

　　そうすると，本件の強制採尿令状は，被告人を本件現場に留め置く措置が違法とされるほど長期化する前に収集された疎明資料に基づき発付されたものと認められ，その発付手続に違法があるとはいえない。

(2)　身柄を拘束されていない被疑者を採尿場所へ任意に同行することが事実上不可能であると認められる場合には，強制採尿令状の効力として，採尿に適する最寄りの場所まで被疑者を連行することができ，その際，必要最小限度の有形力を行使することができるものと解するのが相当である。けだし，そのように解しないと，強制採尿令状の目的を達することができないだけでなく，このような場合に右令状を発付する裁判官は，連行の当否を含めて審査し，右令状を発付したものとみられるからである……。

　　本件において，被告人を任意に採尿に適する場所まで同行することが事実上不可能であったことは，前記のとおりであり，連行のために必要限度を超えて被疑者を拘束したり有形力を加えたものとはみられない。

　　また，前記病院における強制採尿手続にも，違法と目すべき点は見当たらない。

　　したがって，本件強制採尿手続自体に違法はないというべきである。

4 以上検討したところによると，本件強制採尿手続に先行する職務質問及び被告人の本件現場への留め置きという手続には違法があるといわなければならないが，その違法自体は，いまだ重大なものとはいえないし，本件強制採尿手続自体には違法な点はないことからすれば，職務質問開始から強制採尿手続に至る一連の手続を全体としてみた場合に，その手続全体を違法と評価し，これによって得られた証拠を被告人の罪証に供することが，違法捜査抑制の見地から相当でないとも認められない」。

「5 そうであるとすると，被告人から採取された尿に関する鑑定書の証拠能力を肯定することができ」る。

最判昭53.6.20

事　案

　被告人及びAを含む４名が，猟銃と登山用ナイフを用い，銀行員を脅迫して，現金約600万円を強奪した銀行強盗事件が発生した。緊急配備検問についていたB巡査長らは，手配人相に似た若い男２名（被告人及びA）を同乗させた車が来たので，職務質問を開始した。巡査長Bらは，両名が黙秘したために容疑を深め，下車させて，さらに氏名等を質問したが，返答を拒まれ，持っていたボーリングバッグとアタッシュケースの開披を求めたが，これを拒否された。その後も，Bらは，繰り返し同バッグとケースの開披を求めたが，両名が拒み続けたため，一層容疑を深め，継続して質問を続ける必要があると判断し，両名を警察署に同行した。Bらは，同署において，質問を続行したが，両名は依然として黙秘を続け，Bは，質問の過程で，Aに対し上記バッグとケースの開披を何回も求めたが，Aが拒み続けたので，Aの承諾のないまま，バッグのチャックを開けたところ，大量の紙幣が入っているのが見え，引き続いて，ケースには鍵がかかっていたので，ドライバーでこじ開けると，被害銀行の帯封をした大量の札束が見えた。そこで，Bは，Aを強盗被疑事件で緊急逮捕し，バッグ，ケース，現金等を差し押さえた。

要　旨

　「警職法は，その２条１項において同項所定の者を停止させて質問することができると規定するのみで，所持品の検査については明文の規定を設けていないが，所持品の検査は，口頭による質問と密接に関連し，かつ，職務質問の効果をあげるうえで必要性，有効性の認められる行為であるから，同条項による職務質問に附随してこれを行うことができる場合があると解するのが，相当である。所持品検査は，任意手段である職務質問の附随行為として許容されるのであるから，所持人の承諾を得て，その限度においてこれを行うのが原則であることはいうまでもない。しかしながら，職務質問ないし所持品検査は，犯罪の予防，鎮圧等を目的とする行政警察上の作用であって，流動する各般の警察事象に対応して迅速適正にこれを処理すべき行政警察の責務にかんがみるときは，所持人の承諾のない限り所持品検査は一切許容されないと解するのは相当でなく，捜索に至らない程度の行為は，強制にわたらない限り，所持品検査においても許容される場合があると解すべきである。もっとも，所持品検査には種々の態様のものがあるので，その許容限度を一般的に定めることは困難であるが，所持品について捜索及び押収を受けることのない権利は憲法35条の保障するところであり，捜索に至らない程度の行為であってもこれを受ける者の権利を害するものであるから，状況のいかんを問わず常にかかる行為が許容されるものと解すべきでないことはもちろ

重要判例要旨一覧

んであって，かかる行為は，限定的な場合において，所持品検査の必要性，緊急性，これによって害される個人の法益と保護されるべき公共の利益との権衡などを考慮し，具体的状況のもとで相当と認められる限度においてのみ，許容されるものと解すべきである」。

「これを本件についてみると，……B巡査長の行為は，猟銃及び登山用ナイフを使用しての銀行強盗という重大な犯罪が発生し犯人の検挙が緊急の警察責務とされていた状況の下において，深夜に検問の現場を通りかかったA及び被告人の両名が，右犯人としての濃厚な容疑が存在し，かつ，兇器を所持している疑いもあったのに，警察官の職務質問に対し黙秘したうえ再三にわたる所持品の開披要求を拒否するなどの不審な挙動をとり続けたため，右両名の容疑を確める緊急の必要上されたものであって，所持品検査の緊急性，必要性が強かった反面，所持品検査の態様は携帯中の所持品であるバッグの施錠されていないチャックを開披し内部を一べつしたに過ぎないものであるから，これによる法益の侵害はさほど大きいものではなく，上述の経過に照らせば相当と認めうる行為であるから，これを警職法2条1項の職務質問に附随する行為として許容されるとした原判決の判断は正当である」。

（アタッシュケースをこじ開けた点について）

「前記ボーリングバッグの適法な開披によりすでにAを緊急逮捕することができるだけの要件が整い，しかも極めて接着した時間内にその現場で緊急逮捕手続が行われている本件においては，……アタッシュケースをこじ開けた警察官の行為は，Aを逮捕する目的で緊急逮捕手続に先行して逮捕の現場で時間的に接着してされた捜索手続と同一視しうるものであるから，アタッシュケース及び在中していた帯封の証拠能力はこれを排除すべきものとは認められず，これらを採証した第一審判決に違憲，違法はないとした原判決の判断は正当であ」る。

最決平21.9.28

事 案

　被告人は，その実質的に経営する会社の関係者らと共謀の上，会社事務所において，22回にわたり，宅配便により，覚せい剤結晶及び覚せい剤様の結晶合計約3．7kgを譲り受けて，覚せい剤を譲り受ける行為と薬物その他の物品を規制薬物として譲り受ける行為を併せてすることを業とし，その中で，営利の目的で，覚せい剤結晶及び覚せい剤原料結晶合計約330ｇを所持した。本件捜査の過程において，警察官らは，荷送人や荷受人の承諾を得ず，令状も取得しないまま，宅配便業者の営業所の長の承諾を得て，5回にわたり，本件事務所に配達される予定の宅配便荷物を営業所から借り受けた上，空港税関においてエックス線検査を行ったところ，うち4回において覚せい剤とおぼしき射影が観察された。そして，警察官らは，4回目までのエックス線検査の射影の写真等をも疎明資料としたものとうかがわれるが，捜索差押許可状の発付を得て，5回目のエックス線検査を経た宅配便荷物が配達された直後に捜索を行い，その荷物の中などから本件所持に係る覚せい剤等を発見して押収した。

要 旨

　「本件エックス線検査は，荷送人の依頼に基づき宅配便業者の運送過程下にある荷物について，捜査機関が，捜査目的を達成するため，荷送人や荷受人の承諾を得ることなく，これに外部からエックス線を照射して内容物の射影を観察したものであるが，その射影によって荷物の内容物の形状や材質をうかがい知ることができる上，内容物によってはその品目等を相当程度具体的に特定することも可能であって，荷送人や荷受人の内容物に対するプライバシー等を大きく侵害するものであるから，検証としての性質を有する強制処分に当たるものと解される。そして，本件エックス線検査については検証許可状の発付を得ることが可能だったのであって，検証許可状によることなくこれを行った本件エックス線検査は，違法であるといわざるを得ない」。

　「次に，本件覚せい剤等は，同年6月25日に発付された各捜索差押許可状に基づいて同年7月2日に実施された捜索において，5回目の本件エックス線検査を経て本件会社関係者が受け取った宅配便荷物の中及び同関係者の居室内から発見されたものであるが，これらの許可状は，4回目までの本件エックス線検査の射影の写真等を一資料として発付されたものとうかがわれ，本件覚せい剤等は，違法な本件エックス線検査と関連性を有する証拠であるということができる。

　しかしながら，本件エックス線検査が行われた当時，本件会社関係者に対する宅配便を利用した覚せい剤譲受け事犯の嫌疑が高まっており，更に事案を解明す

るためには本件エックス線検査を行う実質的必要性があったこと，警察官らは，荷物そのものを現実に占有し管理している宅配便業者の承諾を得た上で本件エックス線検査を実施し，その際，検査の対象を限定する配慮もしていたのであって，令状主義に関する諸規定を潜脱する意図があったとはいえないこと，本件覚せい剤等は，司法審査を経て発付された各捜索差押許可状に基づく捜索において発見されたものであり，その発付に当たっては，本件エックス線検査の結果以外の証拠も資料として提供されたものとうかがわれることなどの諸事情にかんがみれば，本件覚せい剤等は，本件エックス線検査と上記の関連性を有するとしても，その証拠収集過程に重大な違法があるとまではいえず，その他，これらの証拠の重要性等諸般の事情を総合すると，その証拠能力を肯定することができる……」。

□ / □ / □ /

最大判平29.3.15

事 案

　本件は，自動車・ナンバープレート窃盗で調達した車両で移動して出店荒らしをして回ったという広域集団窃盗・建造物侵入等被告事件について，車両に使用者らの承諾なく秘かにGPS端末を取り付けて位置情報を検索し把握する刑事手続上の捜査（以下「GPS捜査」という。）の適法性等が問題とされた事案である。本件においては，被告人が複数の共犯者と共に犯したと疑われていた窃盗事件に関し，組織性の有無，程度や組織内における被告人の役割を含む犯行の全容を解明するための捜査の一環として，約6か月半の間，被告人，共犯者のほか，被告人の知人女性も使用する蓋然性があった自動車等合計19台に，同人らの承諾なく，かつ，令状を取得することなく，GPS端末を取り付けた上，その所在を検索して移動状況を把握するという方法によりGPS捜査が実施された（以下「本件GPS捜査」という。）。

要 旨

　「GPS捜査は，対象車両の時々刻々の位置情報を検索し，把握すべく行われるものであるが，その性質上，公道上のもののみならず，個人のプライバシーが強く保護されるべき場所や空間に関わるものも含めて，対象車両及びその使用者の所在と移動状況を逐一把握することを可能にする。このような捜査手法は，個人の行動を継続的，網羅的に把握することを必然的に伴うから，個人のプライバシーを侵害し得るものであり，また，そのような侵害を可能とする機器を個人の所持品に秘かに装着することによって行う点において，公道上の所在を肉眼で把握したりカメラで撮影したりするような手法とは異なり，公権力による私的領域への侵入を伴うものというべきである」。

　「憲法35条は，『住居，書類及び所持品について，侵入，捜索及び押収を受けることのない権利』を規定しているところ，この規定の保障対象には，『住居，書類及び所持品』に限らずこれらに準ずる私的領域に『侵入』されることのない権利が含まれるものと解するのが相当である。そうすると，前記のとおり，個人のプライバシーの侵害を可能とする機器をその所持品に秘かに装着することによって，合理的に推認される個人の意思に反してその私的領域に侵入する捜査手法であるGPS捜査は，個人の意思を制圧して憲法の保障する重要な法的利益を侵害するものとして，刑訴法上，特別の根拠規定がなければ許容されない強制の処分に当たる（最高裁昭和……51年3月16日……決定……参照）とともに，一般的には，現行犯人逮捕等の令状を要しないものとされている処分と同視すべき事情があると認めるのも困難であるから，令状がなければ行うことのできない処分

重要判例要旨一覧

と解すべきである」。

「GPS捜査は，情報機器の画面表示を読み取って対象車両の所在と移動状況を把握する点では刑訴法上の『検証』と同様の性質を有するものの，対象車両にGPS端末を取り付けることにより対象車両及びその使用者の所在の検索を行う点において，『検証』では捉えきれない性質を有することも否定し難い。仮に，検証許可状の発付を受け，あるいはそれと併せて捜索許可状の発付を受けて行うとしても，GPS捜査は，GPS端末を取り付けた対象車両の所在の検索を通じて対象車両の使用者の行動を継続的，網羅的に把握することを必然的に伴うものであって，GPS端末を取り付けるべき車両及び罪名を特定しただけでは被疑事実と関係のない使用者の行動の過剰な把握を抑制することができず，裁判官による令状請求の審査を要することとされている趣旨を満たすことができないおそれがある。さらに，GPS捜査は，被疑者らに知られず秘かに行うのでなければ意味がなく，事前の令状呈示を行うことは想定できない。刑訴法上の各種強制の処分については，手続の公正の担保の趣旨から原則として事前の令状呈示が求められており（同法222条1項，110条），他の手段で同趣旨が図られ得るのであれば事前の令状呈示が絶対的な要請であるとは解されないとしても，これに代わる公正の担保の手段が仕組みとして確保されていないのでは，適正手続の保障という観点から問題が残る。

これらの問題を解消するための手段として，一般的には，実施可能期間の限定，第三者の立会い，事後の通知等様々なものが考えられるところ，捜査の実効性にも配慮しつつどのような手段を選択するかは，刑訴法197条1項ただし書の趣旨に照らし，第一次的には立法府に委ねられていると解される。仮に法解釈により刑訴法上の強制の処分として許容するのであれば，以上のような問題を解消するため，裁判官が発する令状に様々な条件を付す必要が生じるが，事案ごとに，令状請求の審査を担当する裁判官の判断により，多様な選択肢の中から的確な条件の選択が行われない限り是認できないような強制の処分を認めることは，『強制の処分は，この法律に特別の定のある場合でなければ，これをすることができない』と規定する同項ただし書の趣旨に沿うものとはいえない。

以上のとおり，GPS捜査について，刑訴法197条1項ただし書の『この法律に特別の定のある場合』に当たるとして同法が規定する令状を発付することには疑義がある。GPS捜査が今後も広く用いられ得る有力な捜査手法であるとすれば，その特質に着目して憲法，刑訴法の諸原則に適合する立法的な措置が講じられることが望ましい」。

□　／　□　／　□　／

最決昭51.3.16

事 案

　　被告人は，酒酔い運転のうえ，物損事故を起こし，間もなく事故現場に到着したA，B両巡査から，運転免許証の提示とアルコール保有量検査のための風船への呼気の吹き込みを求められたが，いずれも拒否した。そこで，両巡査は，被告人を道路交通法違反の被疑者として取り調べるため，警察署に任意同行した。被告人は，警察署内の通信指令室で両巡査の取調べを受け，運転免許証の提示要求にはすぐに応じたが，呼気検査については，道路交通法の規定に基づくものであることを告げられたうえ再三説得されてもこれに応じず，両巡査の要請で来署した被告人の父の説得も聞き入れなかった。しかし，母が来れば警察の要求に従う旨述べたので，被告人の父が自宅に連絡に戻った。両巡査は，なおも説得をしながら，被告人の母の到着を待っていたが，マッチの借用を断わられた被告人が，「マッチを取ってくる」といいながら急に椅子から立ち上がり，出入口の方へ小走りに行きかけたため，A巡査は，被告人が逃げ去るのではないかと思い，被告人の左斜め前に近寄り，「風船をやってからでいいではないか」といって両手で被告人の左手首を摑んだ。

要 旨

　　「法律上問題となるのは，出入口の方へ向った被告人の左斜め前に立ち，両手でその左手首を摑んだA巡査の行為が，任意捜査において許容されるものかどうか，である。

　　捜査において強制手段を用いることは，法律の根拠規定がある場合に限り許容されるものである。しかしながら，ここにいう強制手段とは，有形力の行使を伴う手段を意味するものではなく，個人の意思を制圧し，身体，住居，財産等に制約を加えて強制的に捜査目的を実現する行為など，特別の根拠規定がなければ許容することが相当でない手段を意味するものであって，右の程度に至らない有形力の行使は，任意捜査においても許容される場合があるといわなければならない。ただ，強制手段にあたらない有形力の行使であっても，何らかの法益を侵害し又は侵害するおそれがあるのであるから，状況のいかんを問わず常に許容されるものと解するのは相当でなく，必要性，緊急性などをも考慮したうえ，具体的状況のもとで相当と認められる限度において許容されるものと解すべきである。

　　これを本件についてみると，A巡査の前記行為は，呼気検査に応じるよう被告人を説得するために行われたものであり，その程度もさほど強いものではないというのであるから，これをもって性質上当然に逮捕その他の強制手段に当たるものと判断することはできない。また，右の行為は，酒酔い運転の罪の疑いが濃厚

　な被告人をその同意を得て警察署に任意同行して，被告人の父を呼び呼気検査に応じるよう説得をつづけるうちに，被告人の母が警察署に来ればこれに応じる旨を述べたのでその連絡を被告人の父に依頼して母の来署を待っていたところ，被告人が急に退室しようとしたため，さらに説得のためにとられた抑制の措置であって，その程度もさほど強いものではないというのであるから，これをもって捜査活動として許容される範囲を超えた不相当な行為ということはでき」ない。

□／　□／　□／

富山地決昭54.7.26

事案

　被疑者は，昭和54年7月23日午前7時15分ころ，出勤のため自家用車で自宅を出たところを警察官から停止を求められ，「事情を聴取したいことがあるので，とにかく同道されたい」旨同行を求められた。警察官が警察の車に同乗すること，被疑者の車は警察官が代わって運転していく旨説明したので，被疑者は言われたとおり警察用自動車に同乗して同日午前7時40分ころ警察署に到着した。取調室において直ちに被疑者の取調べが開始され，昼，夕食時に各1時間など数回の休憩をはさんで翌24日午前零時すぎころまで断続的に続けられた。その間取調室には取調官のほかに立会人1名が配置され，休憩時あるいは取調官が所用のため退出した際にも同人が常に被疑者を看視し，被疑者は用便のときのほかは1度も取調室から外に出たことはなく，便所に行くときも立会人が同行した。

　捜査官は，同日午後10時40分通常逮捕状の請求をなし，その発付を得て，翌24日午前零時20分ころこれを執行した。そして同日午後3時50分，事件は検察官に送致され，検察官は，同日午後7時15分勾留請求をなしたが，翌25日裁判官は，「先行する逮捕手続に重大な違法がある」との理由で請求を却下した。

要旨

　「当初被疑者が自宅前から富山北警察署に同行される際，被疑者に対する物理的な強制が加えられたと認められる資料はない。しかしながら，同行後の警察署における取調は，昼，夕食時など数回の休憩時間を除き同日午前8時ころから翌24日午前零時ころまでの長時間にわたり断続的に続けられ，しかも夕食時である午後7時ころからの取調は夜間に入り，被疑者としては，通常は遅くとも夕食時には帰宅したいとの意向をもつと推察されるにもかかわらず，被疑者にその意思を確認したり，自由に退室したり外部に連絡をとったりする機会を与えたと認めるに足りる資料はない。右のような事実上の看視付きの長時間の深夜にまで及ぶ取調は，仮に被疑者から帰宅ないし退室について明示の申出がなされなかったとしても，任意の取調であるとする外の特段の事情の認められない限り，任意の取調とは認められないものというべきである。従って，本件においては，少なくとも夕食時である午後7時以降の取調は実質的には逮捕状によらない違法な逮捕であったというほかはない」。

重要判例要旨一覧

□ ／ □ ／ □ ／

最決昭59.2.29

事 案

　マンションの一室での殺人事件につき，被害者と同棲したことのある被告人が自ら高輪警察署に出頭し，アリバイがある旨弁明したが，裏付け捜査によりこれが虚偽だと判明し，被告人の嫌疑が強まったため，捜査官4名が某日早朝，被告人の勤め先の寮に赴き任意同行を求めると，被告人はこれに応じた。捜査官らは高輪署で被告人の取調べを行い，被告人は同日夜に本件犯行を認めた。捜査官らは，同日午後11時過ぎに一応の取調べを終えたが，被告人から寮に帰りたくないので旅館に泊めてもらいたい旨の申出（答申書）を受け，同署近くの民間企業の宿泊施設に捜査官4，5名と共に被告人を宿泊させ，1名の捜査官は被告人の隣室に泊まり込む等して被告人の挙動を監視した。翌朝，捜査官らが自動車で被告人を迎えに行き，同署で午後11時頃まで取調べをし，同夜も被告人が帰宅を望まないため近くのホテルに送り届けて宿泊させた。次の2日間も昼は取調べをし，夜はホテルに宿泊させた。

　各夜とも，ホテル周辺に捜査官が張り込み被告人の動静を監視した。なお，宿泊代金は4日目の分以外は警察が支払った。この間の取調べで捜査官らは被告人から自白を得たが，決め手となる証拠が不十分だったので被告人を逮捕せず，迎えに来た母らと帰郷させた。警察はその後2か月余り捜査を続けた上で被告人を逮捕した。

要 旨

　「被告人を高輪警察署に任意同行して以降同月11日に至る間の被告人に対する取調べは，刑訴法198条に基づき，任意捜査としてなされたものと認められるところ，任意捜査においては，強制手段……を用いることが許されないということはいうまでもないが，任意捜査の一環としての被疑者に対する取調べは，右のような強制手段によることができないというだけでなく，さらに，事案の性質，被疑者に対する容疑の程度，被疑者の態度等諸般の事情を勘案して，社会通念上相当と認められる方法ないし態様及び限度において，許容されるものと解すべきである」。

　「これを本件についてみるに，まず，被告人に対する当初の任意同行については，捜査の進展状況からみて被告人に対する容疑が強まっており，事案の性質，重大性等にもかんがみると，その段階で直接被告人から事情を聴き弁解を徴する必要性があったことは明らかであり，任意同行の手段・方法等の点において相当性を欠くところがあったものとは認め難く，また，右任意同行に引き続くその後の被告人に対する取調べ自体については，その際に暴行，脅迫等被告人の供述の任意性に影響を及ぼすべき事跡があったものとは認め難い。

　しかし，被告人を4夜にわたり捜査官の手配した宿泊施設に宿泊させた上，前

後5日間にわたって被疑者としての取調べを続行した点については，原判示のように，右の間被告人が単に『警察の庇護ないしはゆるやかな監視のもとに置かれていたものとみることができる』というような状況にあったに過ぎないものといえるか，疑問の余地がある。

　すなわち，被告人を右のように宿泊させたことについては，被告人の住居たるB荘は高輪警察署からさほど遠くはなく，深夜であっても帰宅できない特段の事情も見当たらない上，第1日目の夜は，捜査官が同宿し被告人の挙動を直接監視し，第2日目以降も，捜査官らが前記ホテルに同宿こそしなかったもののその周辺に張り込んで被告人の動静を監視しており，高輪警察署との往復には，警察の自動車が使用され，捜査官が同乗して送り迎えがなされているほか，最初の3晩については警察において宿泊費用を支払っており，しかもこの間午前中から深夜に至るまでの長時間，連日にわたって本件についての追及，取調べが続けられたものであって，これらの諸事情に徴すると，被告人は，捜査官の意向にそうように，右のような宿泊を伴う連日にわたる長時間の取調べに応じざるを得ない状況に置かれていたものとみられる一面もあり，その期間も長く，任意取調べの方法として必ずしも妥当なものであったとはいい難い。

　しかしながら，他面，被告人は，右初日の宿泊については前記のような答申書を差し出しており，また，記録上，右の間に被告人が取調べや宿泊を拒否し，取調べ室あるいは宿泊施設から退去し帰宅することを申し出たり，そのような行動に出た証跡はなく，捜査官らが，取調べを強行し，被告人の退去，帰宅を拒絶したり制止したというような事実も窺われないのであって，これらの諸事情を総合すると，右取調べにせよ宿泊にせよ，結局，被告人がその意思によりこれを容認し応じていたものと認められるのである。

　被告人に対する右のような取調べは，宿泊の点など任意捜査の方法として必ずしも妥当とはいい難いところがあるものの，被告人が任意に応じていたものと認められるばかりでなく，事案の性質上，速やかに被告人から詳細な事情及び弁解を聴取する必要性があったものと認められることなどの本件における具体的状況を総合すると，結局，社会通念上やむを得なかったものというべく，任意捜査として許容される限界を越えた違法なものであったとまでは断じ難いというべきである」。

重要判例要旨一覧

□ ＿／＿ □ ＿／＿ □ ＿／＿

最決平16.7.12

事 案

被告人は，あへんの営利目的輸入や大麻の営利目的所持等の罪により日本で服役した経験のある外国人であり，本国に帰国した後，不正に再び日本に入国した。捜査協力者Aは，刑務所で服役中に被告人と知り合った。その後，自分の弟が被告人のために薬物犯罪に巻き込まれてタイ国内で検挙され服役したことから，被告人に恨みを抱くようになった。そして，麻薬取締官事務所に対して，被告人が日本に薬物を持ち込んだ際は逮捕するよう求めていた。その後，被告人はAに対して，大麻樹脂の買手を紹介してくれるよう電話で依頼した。これに対して，Aは，大阪であれば紹介できると答えた。

被告人のこの電話があるまで，Aから被告人に対して，大麻樹脂の取引に関する働きかけはしていなかった。Aは，麻薬取締官事務所に，この電話の内容を連絡した。同事務所では，Aからの情報によっても被告人の住居や立ち回り先，大麻樹脂の隠匿場所などを把握することができず，他の捜査手法によって証拠を収集し，被告人を検挙することが困難であったので，おとり捜査を行うことを決めた。麻薬取締官とAとが打ち合わせて，大阪市内のホテルでAが麻薬取締官を買手として被告人に紹介することを決め，Aから被告人に同ホテルに来て買手に会うよう連絡した。麻薬取締官は，上記ホテルの一室でAから紹介された被告人に，何が売買できるかを尋ねたところ，被告人は，今日は持参していないが，東京に来れば大麻樹脂を売ることができると答えた。麻薬取締官は，自分が東京に出向くことは断り，被告人の方で大阪に持って来れば大麻樹脂2kgを買い受ける意向を示した。そこで，被告人はいったん東京に戻って翌日大麻樹脂を持参し，改めて取引を行うことになった。翌日，被告人は，東京から大麻樹脂約2kgを運び役に持たせて上記ホテル室内にこれを運び入れたところ，あらかじめ捜索差押許可状の発付を受けていた麻薬取締官の捜索を受け，現行犯逮捕された。

要 旨

「本件において，いわゆるおとり捜査の手法が採られたことが明らかである。おとり捜査は，捜査機関又はその依頼を受けたAが，その身分や意図を相手方に秘して犯罪を実行するように働き掛け，相手方がこれに応じて犯罪の実行に出たところで現行犯逮捕等により検挙するものであるが，少なくとも，直接の被害者がいない薬物犯罪等の捜査において，通常の捜査方法のみでは当該犯罪の摘発が困難である場合に，機会があれば犯罪を行う意思があると疑われる者を対象におとり捜査を行うことは，刑訴法197条1項に基づく任意捜査として許容されるものと解すべきである。

これを本件についてみると，上記のとおり，麻薬取締官において，Aからの情

報によっても，被告人の住居や大麻樹脂の隠匿場所等を把握することができず，他の捜査手法によって証拠を収集し，被告人を検挙することが困難な状況にあり，一方，被告人は既に大麻樹脂の有償譲渡を企図して買手を求めていたのであるから，麻薬取締官が，取引の場所を準備し，被告人に対し大麻樹脂2kgを買い受ける意向を示し，被告人が取引の場に大麻樹脂を持参するよう仕向けたとしても，おとり捜査として適法というべきである」。

重要判例要旨一覧

□　／　　□　／　　□　／

最決平8.1.29

事 案

　内ゲバ事件の発生や犯人の逃走の状況等について警察内部の無線情報を受けて逃走犯人を警戒し，あるいは検索活動中であった警察官らは，犯行終了の約1時間後（被告人Aの場合）ないし約1時間40分後（被告人B，Cの場合）に，いずれも犯行場所から約4キロメートル（直線距離）離れた2箇所の場所で各被告人を発見し，その際の各被告人の挙動や着衣の汚れ方等を見て，職務質問のため停止するように求めたが，各被告人はいずれも逃げ出し，また，腕に篭手（こて）を装着していたり（被告人A），顔面に新しい傷跡があるなどの様子が認められた（被告人C）などの事情があったので，各被告人を本件の準現行犯人として逮捕した。

要 旨

　「原判決の認定によれば，被告人Aについては，本件兇器準備集合，傷害の犯行現場から直線距離で約4キロメートル離れた派出所で勤務していた警察官が，いわゆる内ゲバ事件が発生し犯人が逃走中であるなど，本件に関する無線情報を受けて逃走犯人を警戒中，本件犯行終了後約1時間を経過したころ，被告人Aが通り掛かるのを見付け，その挙動や，小雨の中で傘もささずに着衣をぬらし靴も泥で汚れている様子を見て，職務質問のため停止するよう求めたところ，同被告人が逃げ出したので，約300メートル追跡して追い付き，その際，同被告人が腕に篭手を装着しているのを認めたなどの事情があったため，同被告人を本件犯行の準現行犯人として逮捕したというのである。また，被告人B，同Cについては，本件の発生等に関する無線情報を受けて逃走犯人を検索中の警察官らが，本件犯行終了後約1時間40分を経過したころ，犯行現場から直線距離で約4キロメートル離れた路上で着衣等が泥で汚れた右両被告人を発見し，職務質問のため停止するよう求めたところ，同被告人らが小走りに逃げ出したので，数10メートル追跡して追い付き，その際，同被告人らの髪がべっとりぬれて靴は泥まみれであり，被告人Cは顔面に新しい傷跡があって，血の混じったつばを吐いているなどの事情があったため，同被告人らを本件犯行の準現行犯人として逮捕したというのである」。

　「以上のような本件の事実関係の下では，被告人3名に対する本件各逮捕は，いずれも刑訴212条2項2号ないし4号に当たる者が罪を行い終わってから間がないと明らかに認められるときにされたものということができるから，本件各逮捕を適法と認めた原判断は，是認することができる」。

□ ／ 　□ ／ 　□ ／

最決平 20.4.15

事 案

　警察官が，被告人宅近くのビルの一室を借り，あるいは駐車した捜査車両の中から，数か月にわたり被告人の動静観察を続け，その中で，被告人あるいはその妻が公道上のごみ集積所に排出したごみ袋に何か本件の証拠となるものがないかを捜す中で，現金自動預払機の防犯カメラに写っていた人物が着用していたダウンベスト及びその人物がはめていた時計と似たダウンベスト及び時計を領置した。

要 旨

　不要物として公道上のごみ集積所に排出し，その占有を放棄していたものであって，排出されたごみについては，通常，そのまま収集されて他人にその内容が見られることはないという期待があるとしても，捜査の必要がある場合には，221条により，これを遺留物として領置することができる。

□　／　□　／　□　／

最判平12.6.13

事 案

　X１は，平成２年10月10日午後３時53分ころ，東京都公安条例違反の容疑で現行犯逮捕され，午後４時10分ころ，警視庁築地警察署に引致された。同署の司法警察職員が，午後４時15分ころ，X１に犯罪事実の要旨及び弁護人を選任することができる旨を告げ，弁解の機会を与えたところ，X１は，救援連絡センター（以下「センター」という）に登録された弁護士を弁護人に選任する旨述べた。一方，センターの弁護士のX２は，午後４時25分ころ，同署に赴き，午後４時35分ころ，玄関口に出てきた捜査主任官A警備課長に対し，X１との即時の接見を申し入れたところ，A課長は，X１は取調べ中なのでしばらく接見を待ってほしいとの発言を繰り返し，午後４時40分ころ，いったん署内に引き揚げた。その後，A課長は，X２に対し，玄関口で，午後５時10分ころ，X２がセンターの弁護士かどうかを確認する，X１は取調べ中であるから接見をしばらく待ってほしいと述べ，さらに，午後５時45分ころ，X２がセンターの弁護士であることは確認できたが，X１は取調べ中なので接見させることができない，接見の日時を翌日午前10時以降に指定する旨を述べた。X２は，午後６時ころ，同署の玄関前から引き揚げた。その間，取調べを担当したB巡査部長は，午後４時45分ころ，写真撮影に引き続いてX１の取調べを開始したが，午後５時28分ころ，X１に食事をさせるため一時中断した。X１の食事は午後６時15分ころ終了したが，B巡査部長が，その直前に，X１の逮捕現場での実況見分の応援要請を受けてその補助に赴き，午後８時ころまで戻れなかったことなどから，結局，取調べの再開はされなかった。

要 旨

　本件は，「申出時において，現に取調べ中か又は間近い時に取調べが確実に予定されていたものと評価することができ，したがって，X２とX１との自由な接見を認めると，右の取調べに影響し，捜査の中断等による支障が顕著な場合に当たるといえないわけではなく，A課長が接見指定をしようとしたこと自体は，直ちに違法と断定することはできない。

　しかしながら……，本件申出は，X１の逮捕直後にX１の依頼により弁護人となろうとするX２からされた初めての接見の申出であり，それが弁護人の選任を目的とするものであったことは明らかであって，X１が即時又は近接した時点において短時間でもX２と接見する必要性が大きかったというべきである。しかも，X１は，救援連絡センターの弁護士を選任する意思を明らかにし，同センターの弁護士であるX２が現に築地署に赴いて接見の申出をしていたのであるから，比較的短時間取調べを中断し，又は夕食前の取調べの終了を少し早め，若しくは夕

食後の取調べの開始を少し遅らせることによって，右目的に応じた合理的な範囲内の時間を確保することができたものと考えられる。

　他方，Ｘ１の取調べを担当していたＢ巡査部長は，Ｘ１の夕食終了前，逮捕現場での実況見分の応援の依頼を受けて，夕食後の取調べについて他の捜査員の応援を求める等必要な手当てを何らしないまま，にわかに右実況見分の応援に赴き，そのため，夕食終了後もＸ１の取調べは行われず，同巡査部長が築地署に戻った後も，Ｘ１の取調べは全く行われないまま中止されたというのであって，このようなＸ１に対する取調べの経過に照らすと，取調べを短時間中断し，夕食前の取調べの終了を少し早め，又は夕食後の取調べの開始を少し遅らせて，接見時間をやり繰りすることにより，捜査への支障が顕著なものになったとはいえないというべきである」。

　「そうすると，Ａ課長は，Ｘ２が午後４時35分ころから午後５時45分ころまでの間継続して接見の申出をしていたのであるから，午後５時ころ以降，Ｘ２と協議して希望する接見の時間を聴取するなどし，必要に応じて時間を指定した上，即時にＸ２をＸ１に接見させるか，又は，取調べが事実上中断する夕食時間の開始と終了の時刻を見計らい……夕食前若しくは遅くとも夕食後に接見させるべき義務があったというのが相当である」。

　「ところが，Ａ課長は，Ｘ２と協議する姿勢を示すことなく，午後５時ころ以降も接見指定をしないままＸ２を待機させた上，午後５時45分ころに至って一方的に接見の日時を翌日に指定したものであり……右の措置は，Ｘ１が防御の準備をする権利を不当に制限したものであって，刑訴法39条３項に違反するものというべきである」。

□　／　□　／　□　／

最大判昭37.11.28

事　案

　出入国管理令違反事件で、「被告人は、昭和27年4月頃より同33年6月下旬までの間に、有効な旅券に出国の証印を受けないで、本邦より本邦外の地域たる中国に出国したものである」という幅のある記載がなされている場合に、訴因が特定しているといえるか問題となった。

要　旨

　256条3項の趣旨は「裁判所に対し審判の対象を限定するとともに、被告人に対し防御の範囲を示すことを目的とするものと解されるところ、犯罪の日時、場所、方法は、これら事項が、犯罪を構成する要素になっている場合を除き、本来は、罪となるべき事実そのものではなく、ただ訴因を特定する一手段として、できる限り具体的に表示することを要請されているのであるから、犯罪の種類、性質等の如何により、これらをつまびらかにできない特殊事情がある場合には、前記法の目的を害さない限り幅のある表示をしても、その一事のみを以て、罪となるべき事実を特定しない違法があるということはできない」とし、本件については①外交関係のない国への密出国事件では出国の具体的顛末を確認することができない「特殊事情」があり、②起訴状及び冒頭陳述によって審判対象及び防御範囲は限定されているとして、訴因の特定に欠けることはないとした。

□／　□／　□／

最決平13.4.11

事 案

　当初の訴因は，「被告人が，Ａと共謀の上，特定の年月日ころ，青森市内に停車中の自動車内において，Ｂの頸部をベルト様のもので絞めつけて殺害した」というものであったが，被告人がＡとの共謀も実行行為への関与も否定したことから，両名の間で共謀が成立していたか，殺害行為を行ったのはだれかということが主要な争点となり，多数回の公判を重ねて証拠調べが行われた。

　Ａは，被告人との共謀を認め，被告人が実行行為を担当した旨証言し，被告人が捜査段階において供述した「両名で実行行為を行った」旨の自白調書も取り調べられた。弁護人は，Ａの証言及び被告人の自白調書の信用性等を争い，特に，Ａの証言については，自己の責任を被告人に転嫁しようとするものであるなどと主張した。

　一審公判がかなり進んだ段階で，検察官が訴因変更を請求したことにより，公訴事実は，「被告人は，Ａと共謀の上，同日夜，青森市内に停車中の自動車内において，被告人が，Ｂの頸部を絞めつけるなどして殺害した」という内容に変更された。一審裁判所は，審理の結果，「被告人は，Ａと共謀の上，同日夜から翌日未明までの間に，青森市内又はその周辺に停車中の自動車内において，Ａ又は被告人あるいはその両名において，扼殺，絞殺又はこれに類する方法でＢを殺害した」旨の事実を認定した。

要 旨

　「殺人罪の共同正犯の訴因としては，その実行行為者がだれであるかが明示されていないからといって，それだけで直ちに訴因の記載として罪となるべき事実の特定に欠けるものとはいえないと考えられるから，訴因において実行行為者が明示された場合にそれと異なる認定をするとしても，①審判対象の画定という見地からは，訴因変更が必要となるとはいえないものと解される。とはいえ，②実行行為者がだれであるかは，一般的に，被告人の防御にとって重要な事項であるから，当該訴因の成否について争いがある場合等においては，争点の明確化などのため，検察官において実行行為者を明示するのが望ましいということができ，検察官が訴因においてその実行行為者の明示をした以上，判決においてそれと実質的に異なる認定をするには，原則として，訴因変更手続を要するものと解するのが相当である。しかしながら，実行行為者の明示は，前記のとおり訴因の記載として不可欠な事項ではないから，③少なくとも，被告人の防御の具体的な状況等の審理の経過に照らし，被告人に不意打ちを与えるものではないと認められ，かつ，判決で認定される事実が訴因に記載された事実と比べて被告人にとってより不利益であるとはいえない場合には，例外的に，訴因変更手続を経ることなく訴因と異なる実行行為者を認定することも違法ではないものと解すべきである。

重要判例要旨一覧

　そこで，本件について検討すると，……第一審公判においては，当初から，被告人とAとの間で被害者を殺害する旨の共謀が事前に成立していたか，両名のうち殺害行為を行った者がだれかという点が<u>主要な争点</u>となり，多数回の公判を重ねて証拠調べが行われた。その間，被告人は，Aとの共謀も実行行為への関与も否定したが，Aは，被告人との共謀を認めて被告人が実行行為を担当した旨証言し，被告人とAの両名で実行行為を行った旨の被告人の捜査段階における自白調書も取り調べられた。弁護人は，Aの証言及び被告人の自白調書の信用性等を争い，特に，Aの証言については，自己の責任を被告人に転嫁しようとするものであるなどと主張した。審理の結果，第一審裁判所は，被告人とAとの間で事前に共謀が成立していたと認め，その点では被告人の主張を排斥したものの，実行行為者については，被告人の主張を一部容れ，検察官の主張した被告人のみが実行行為者である旨を認定するに足りないとし，その結果，実行行為者がAのみである可能性を含む前記のような択一的認定をするにとどめた。

　以上によれば，第一審判決の認定は，被告人に<u>不意打ち</u>を与えるものとはいえず，かつ，訴因に比べて被告人にとってより<u>不利益</u>なものとはいえないから，実行行為者につき変更後の訴因で特定された者と異なる認定をするに当たって，更に訴因変更手続を経なかったことが<u>違法</u>であるとはいえない」。

□　／　　□　／　　□　／

最決昭53.3.6

事案

　公務員Ａと共謀のうえ，Ａの職務上の不正行為に対する謝礼の趣旨でＢから賄賂を収受したという加重収賄の訴因に対して，Ｂと共謀のうえ，右の趣旨で公務員Ａに対して供与したという贈賄の訴因が予備的に追加された事案。

要旨

　両訴因は，「収受したとされる賄賂と供与したとされる賄賂との間に事実上の共通性がある場合には，両立しない関係にあり，かつ，一連の同一事象に対する法的評価を異にするに過ぎないものであって，基本的事実関係においては同一である」として，公訴事実の同一性を肯定した。

□ ／ □ ／ □ ／

最決平17.9.27

事 案

　被告人が，電車内で隣に座った女性の臀部を触るなどの痴漢行為を行ったとされ，捜査段階において被告人が被疑者として犯行状況を再現した結果を警察官が記録した写真撮影報告書と被害者が被害状況を再現した結果を警察官が記録した実況見分調書（本件両書証）の証拠能力が問題となった。本件両書証は，被疑者，被害者が警察署内で警察官を相手に，犯行，被害の状況を再現したものを記録したものであった。

要 旨

　「本件両書証は，捜査官が，被害者や被疑者の供述内容を明確にすることを主たる目的にして，これらの者に被害・犯行状況について再現させた結果を記録したものと認められ，立証趣旨が『被害再現状況』，『犯行再現状況』とされていても，実質においては，再現されたとおりの犯罪事実の存在が要証事実になるものと解される。このような内容の実況見分調書や写真撮影報告書等の証拠能力については，刑訴法326条の同意が得られない場合には，同法321条3項所定の要件を満たす必要があることはもとより，再現者の供述の録取部分及び写真については，再現者が被告人以外の者である場合には同法321条1項2号ないし3号所定の，被告人である場合には同法322条1項所定の要件を満たす必要があるというべきである。もっとも，写真については，撮影，現像等の記録の過程が機械的操作によってなされることから前記各要件のうち再現者の署名押印は不要と解される。

　本件両書証は，いずれも刑訴法321条3項所定の要件は満たしているものの，各再現者の供述録取部分については，いずれも再現者の署名押印を欠くため，その余の要件を検討するまでもなく証拠能力を有しない。また，本件写真撮影報告書中の写真は，記録上被告人が任意に犯行再現を行ったと認められるから，証拠能力を有するが，本件実況見分調書中の写真は，署名押印を除く刑訴法321条1項3号所定の要件を満たしていないから，証拠能力を有しない」。

□ ／ □ ／ □ ／

最判平18.11.7

事 案

　被告人が内妻と共謀の上，内妻の連れ子に掛けた保険金取得などを目的として，被告人において家屋内の車庫に放火し，家屋を全焼させて同児を焼死させたが，保険金の詐取は未遂に終わった。被告人は，第1審公判段階から放火はしていないなどと主張した。検察側は，近隣住民Aの証人尋問請求をし，Aは，火災発生後被告人に消火器を貸していないし，被告人がAの消火器で消火活動をしているのは見ていないと証言した。

　弁護人はAの証人尋問後，被告人に消火器を貸していない旨のA証言を弾劾するため，消防吏員K作成に係る「聞込み状況書」（本件書証）を証拠請求し，検察官の不同意意見を受けて，328条による証拠採用を求めた。本件書証には，KがAから，被告人に消火器を貸した旨聞き取った内容が記載されており，その内容はAが被告人に消火器を貸したか否かという点に関して上記A証言と矛盾するものであった。

　なお，本件書証には，Kの署名・押印はあるものの，Aの署名・押印はない。

要 旨

　「刑訴法328条は，公判準備又は公判期日における被告人，証人その他の者の供述が，別の機会にしたその者の供述と矛盾する場合に，矛盾する供述をしたこと自体の立証を許すことにより，公判準備又は公判期日におけるその者の供述の信用性の減殺を図ることを許容する趣旨のもの（①）であり，別の機会に矛盾する供述をしたという事実の立証については，刑訴法が定める厳格な証明を要する趣旨である（②）と解するのが相当である」。

　「そうすると，刑訴法328条により許容される証拠は，信用性を争う供述をした者のそれと矛盾する内容の供述が，同人の供述書，供述を録取した書面（刑訴法が定める要件を満たすものに限る。），同人の供述を聞いたとする者の公判期日の供述又はこれらと同視し得る証拠の中に現れている部分に限られるというべきである」。

　「本件書証は，……Aの供述を録取した書面であるが，同書面には同人の署名押印がないから上記の供述を録取した書面に当たらず，これと同視し得る事情もないから，刑訴法328条が許容する証拠には当たらない……」。

重要判例要旨一覧

□＿／＿□＿／＿□＿／＿

最判昭41.7.1

事 案

収賄の被疑者として取調べを受けていた被告人Aは，当初は金品受領の事実を認めるのみで，これを貰い受ける意思はなかった旨を述べて犯行を否認していた。他方，対向的共犯関係にある贈賄者Bは，金品の提供によりAに迷惑をかけたとの責任を感じ，自己の弁護人YにAのためにも尽力するよう懇願したので，Yは，事件担当検事Pと面談した際，Aのために陳弁した。

すると，Yは，Pから，本件は検挙前に金品をそのまま返還しているとのことであるから，Aが見え透いた虚構の弁解をやめて素直に金品収受の犯意を自供して改悛の情を示せば起訴猶予も十分に考えられる案件である旨の内意を打ち明けられ，かつ，Aに対し無益な否認をやめ率直に真相を自供するよう勧告したらどうかという趣旨の示唆を受けた。そこで，Yは，Aの弁護人Xを伴って留置中のAに面接し，「検事は君が見えすいた嘘を言っていると思っているが，改悛の情を示せば起訴猶予にしてやると言っているから，真実貰ったものなら正直に述べたがよい。馬鹿なことを言うて身体を損ねるより，早く言うて楽にした方がよかろう」と勧告した。ただし，Yは，金品を返還したとのAの弁解を信じていたので，金品の返還がPの内意の前提であることはAに伝えなかった。Aは，Yの言を信じて起訴猶予になることを期待した結果，同日第2回目の取調べから，金品を貰い受ける意図の存在及び金銭の使途等を順次自白するに至った。

要 旨

「被疑者が，起訴・不起訴の決定権をもつ検察官の，自白をすれば起訴猶予にする旨のことばを信じ，起訴猶予になることを期待してした自白は任意性に疑いがあるものとして，証拠能力を欠くものと解するのが相当である」とした。

最大判昭45.11.25

事 案

共犯者は自白したという虚偽の情報を与えて自白させ，その自白を示して共犯者にも自白させるといういわゆる「切り違え尋問」が行われた結果，被告人が自白した。

要 旨

「当初甲警察署での取調では，被告人の妻Bは，自分の一存で本件拳銃等を買い受けかつ自宅に隠匿所持していたものである旨を供述し，被告人も，本件拳銃は妻Bが勝手に買ったもので，自分はそんなものは返せといっておいた旨を述べ，両名共被告人の犯行を否認していたものであるところ，その後乙地方検察庁における取調において，検察官Cは，まず被告人に対し，実際はBがそのような自供をしていないのにかかわらず，同人が本件犯行につき被告人と共謀したことを自供した旨を告げて被告人を説得したところ，被告人が共謀を認めるに至ったので，被告人をBと交替させ，Bに対し，被告人が共謀を認めている旨を告げて説得すると，同人も共謀を認めたので直ちにその調書を取り，更に同人を被告人と交替させ，再度被告人に対しBも共謀を認めているがまちがいないかと確認したうえ，その調書を取り，被告人が勾留されている甲警察署の警部補Aに対し，もう一度被告人を調べ直すよう指示し，同警部補が被告人を翌日取り調べた結果，……被告人の司法警察員に対する供述調書が作成された」。

「思うに，捜査手続といえども，憲法の保障下にある刑事手続の一環である以上，刑訴法1条所定の精神に則り，公共の福祉の維持と個人の基本的人権の保障とを全うしつつ適正に行なわれるべきものであることにかんがみれば，捜査官が被疑者を取り調べるにあたり偽計を用いて被疑者を錯誤に陥れ自白を獲得するような尋問方法を厳に避けるべきであることはいうまでもないところであるが，もしも偽計によって被疑者が心理的強制を受け，その結果虚偽の自白が誘発されるおそれのある場合には，右の自白はその任意性に疑いがあるものとして，証拠能力を否定すべきであり，このような自白を証拠に採用することは，刑訴法319条1項の規定に違反し，ひいては憲法38条2項にも違反するものといわなければならない」。

「これを本件についてみると，……C検察官が，被告人の取調にあたり，『奥さんは自供している。誰がみても奥さんが独断で買わん。参考人の供述もある。こんな事で二人共処罰される事はない。男らしく云うたらどうか。』と説得した事実のあることも記録上うかがわれ，すでに妻Bが自己の単独犯行であると述べて

いる本件被疑事実につき，同検察官は被告人に対し，前示のような偽計を用いたうえ，もし被告人が共謀の点を認めれば被告人のみが処罰され妻は処罰を免れることがあるかも知れない旨を暗示した疑いがある。要するに，本件においては前記のような偽計によって被疑者が心理的強制を受け，虚偽の自白が誘発されるおそれのある疑いが濃厚であり，もしそうであるとするならば，前記尋問によって得られた被告人の検察官に対する自白及びその影響下に作成された司法警察員に対する自白調書は，いずれも任意性に疑いがあるものといわなければならない」。

最判昭61.4.25

事　案

　覚せい剤事犯の前科のある被告人が再び覚せい剤を使用しているとの情報を得た警察官が，被告人宅に赴き，声を掛けたうえ，その居宅内に上がり，警察署への同行を求めて，一緒に警察用自動車に乗せて警察署へ同行した。

　同行後，しばらく事情聴取を行い，その間被告人からタクシー乗務員になるための試験を午後受けることになっている旨申し出があったが，それには返事をせず，まもなく被告人が覚せい剤使用の事実を認めたので尿の提出を求めて，提出した尿を押収して鑑定を委託した。その後，再び被告人から受験の申し出があったが，それに対し「結果が出るまでおったらどうや」と言って，結局尿の鑑定結果が出るまで警察署に留め置き，尿の鑑定結果が判明した時点で逮捕状請求の手続をとり，その発付を得て逮捕した。

　そこで，警察官がその居宅から被告人を同行したうえ取調べを行い，尿の提出の前後にわたって警察署に留め置いた一連の手続，ならびにそれら一連の手続の中で行われた採尿手続の適否が問題とされた。

要　旨

　「本件においては，被告人宅への立ち入り，同所からの任意同行及び警察署への留め置きの一連の手続と採尿手続は，被告人に対する覚せい剤事犯の捜査という同一目的に向けられたものであるうえ，採尿手続は右一連の手続によりもたらされた状態を直接利用してなされていることにかんがみると，右採尿手続の適法違法については，採尿手続前の右一連の手続における違法の有無，程度をも十分考慮してこれを判断するのが相当である。そして，そのような判断の結果，採尿手続が違法であると認められる場合でも，それをもって直ちに採取された尿の鑑定書の証拠能力が否定されると解すべきではなく，その違法の程度が令状主義の精神を没却するような重大なものであり，右鑑定書を証拠として許容することが，将来における違法な捜査の抑制の見地からして相当でないと認められるときに，右鑑定書の証拠能力が否定されるというべきである」。

　「以上の見地から本件をみると，採尿手続前に行われた前記一連の手続には，被告人宅の寝室まで承諾なく立ち入っていること，被告人宅からの任意同行に際して明確な承諾を得ていないこと，被告人の退去の申し出に応ぜず警察署に留め置いたことなど，任意捜査の域を逸脱した違法な点が存することを考慮すると，これに引き続いて行われた本件採尿手続も違法性を帯びるものと評価せざるを得ない」。

　「しかし，被告人宅への立ち入りに際し警察官は当初から無断で入る意図はなく，玄関先で声をかけるなど被告人の承諾を求める行為に出ていること，任意同行に際して警察官により何ら有形力は行使されておらず，途中で警察官と気付いた後も被告人は異議を述べることなく同行に応じていること，警察官において被告人の受験の申し出に応答しなかったことはあるものの，それ以上に警察署に留まることを強要するような言動はしていないこと，さらに，採尿手続自体は，何らの強制も加えられることなく，被告人の<u>自由な意思</u>での応諾に基づき行われていることなどの事情が認められるのであって，これらの点に徴すると，本件採尿手続の帯有する違法の程度は，いまだ<u>重大</u>であるとはいえず，本件尿の鑑定書を被告人の罪証に供することが，<u>違法捜査抑制</u>の見地から<u>相当でない</u>とは認められないから，本件尿の鑑定書の証拠能力は否定されるべきではない」。

最判平 15.2.14

事　案

窃盗罪の被疑事実に関する逮捕状発付があったのに，捜査官は逮捕状を呈示せず，逮捕を行い，その逮捕による身柄拘束の下，被告人は任意の採尿に応じた。その結果，尿から覚せい剤成分が検出され，鑑定書が作成された。その後，その鑑定書を疎明資料として，被告人方を捜索場所とする捜索差押許可状が発付され，覚せい剤が差し押さえられた（本件覚せい剤）。なお，警察官は，逮捕状を呈示しなかったのみならず，逮捕状・捜査報告書に逮捕

状を呈示した旨の虚偽の記載をした上，証人として出廷したときにも逮捕状を呈示した旨の虚偽の証言をなした。

要　旨

「逮捕時に逮捕状の呈示がなく，逮捕状の緊急執行もされていない……という手続的な違法があるが，それにとどまらず，警察官は，その手続的な違法を糊塗するため，……逮捕状へ虚偽事項を記入し，内容虚偽の捜査報告書を作成し，更には，公判廷において事実と反する証言をしているのであって，本件の経緯全体を通して表れたこのような警察官の態度を総合的に考慮すれば，本件逮捕手続の違法の程度は，令状主義の精神を潜脱し，没却するような重大なものであると評価されてもやむを得ない……。そして，このような違法な逮捕に密接に関連する証拠を許容することは，将来における違法捜査抑制の見地からも相当でないと認められるから，その証拠能力を否定すべきである」。

「本件採尿は，本件逮捕の当日にされたものであり，その尿は，上記のとおり重大な違法があると評価される本件逮捕と密接な関連を有する証拠であるというべきである。また，その鑑定書も，同様な評価を与えられるべきものである」。

「次に，本件覚せい剤は，被告人の覚せい剤使用を被疑事実とし，被告人方を捜索すべき場所として発付された捜索差押許可状に基づいて行われた捜索により発見されて差し押さえられたものであるが，上記捜索差押許可状は上記……の鑑定書を疎明資料として発付されたものであるから，証拠能力のない証拠と関連性を有する証拠というべきである。

しかし，本件覚せい剤の差押えは，司法審査を経て発付された捜索差押許可状によってされたものであること，逮捕前に適法に発付されていた被告人に対する窃盗事件についての捜索差押許可状の執行と併せて行われたものであることなど，本件の諸事情にかんがみると，本件覚せい剤の差押えと上記……の鑑定書との関連性は密接なものではない……」。

　「したがって，本件覚せい剤及びこれに関する鑑定書については，その収集手続に重大な違法があるとまではいえず，その他，これらの証拠の重要性等諸般の事情を総合すると，その証拠能力を否定することはできない」。

□＿／　□＿／　□＿／

最決平21.7.21

事 案

　被告人は，単独犯として窃盗，窃盗未遂合計8件で起訴された。1審において，被告人は事実をすべて認め，1審判決は訴因どおり被告人の単独犯を認定したが，被告人は，控訴審において，上記8件のうちの4件の窃盗については，被告人は実行行為の全部を1人で行ったものの，他に共謀共同正犯者が存在するから，被告人には，単独犯ではなく共同正犯が成立すると主張した。

要 旨

　「検察官において共謀共同正犯者の存在に言及することなく，被告人が当該犯罪を行ったとの訴因で公訴を提起した場合において，被告人1人の行為により犯罪構成要件のすべてが満たされたと認められるときは，他に共謀共同正犯者が存在するとしてもその犯罪の成否は左右されないから，裁判所は訴因どおりに犯罪事実を認定することが許されると解するのが相当である」。

判例索引

アガルートアカデミーは，
2015年1月に開校した
オンラインによる講義の配信を中心とする
資格予備校です。

「アガルート（AGAROOT）」には，
資格の取得を目指す受験生の
キャリア，実力，モチベーションが
あがる道（ルート）になり，
出発点・原点（ROOT）になる，
という思いが込められています。

上田 亮祐さん

平成29年度司法試験総合34位合格
神戸大学・神戸大学法科大学院出身

―― 法曹を目指したきっかけを教えてください。

　私は，小学生の頃にテレビに出ていた弁護士に憧れを抱いて，弁護士を目指すようになりました。

―― 勉強の方針とどのように勉強を進めていましたか？

　演習を中心に進めていました。

　アガルートアカデミーの講座の受講を始めたのはロースクール入学年の2015年4月からなのですが，それまでは別の予備校の入門講座，論文講座を受講していました。しかし，そこでは「まだ答案の書き方が分からないから，とりあえず講座の動画を消化しよう。消化していけば答案の書き方が分かるようになるはずだ」と考え，講義動画を見たり，入門テキスト，判例百選を読むだけで，自分でほとんど答案を書かず実力をつけられないままロースクール入試を迎えました。

　なんとか神戸大学法科大学院に入学し，自分の実力が最底辺のものでこのままでは2年後の司法試験合格どころかロー卒業すらも危ういと分かると，司法試験の勉強として何をすれば良いのかを必死で考えるようになりました。そして，「司法試験は，試験の本番に良い答案を書けることができれば合格する試験である」という当たり前の命題から，「少しでも良い答案を書けるように，答案を書く練習をメインに勉強しよう」と考えるようになりました。

　そこで，総合講義300を受講し直しつつ，重要問題習得講座のテキストを用いて，論文答案を書く練習を勉強のメインに据えていました。また，やるべき教材をたくさんそろえても全て自分のモノにできないということはロー入試時点での失敗から学んでいたため，なるべく手を広げないように，同じ教材を繰

り返すことを心がけていました。

—— 受講された講座と，その講座の良さ，使い方を教えてください。

【総合講義300】

　総合講義300の良さは，講義内でテキストを3周するシステムだと思います。私自身は別の予備校での入門講座の受講経験がありましたが，その内容はほとんど頭の中に残っておらず，初学者に近い状態での受講になりました。以前受講したことのある入門講座は，民法だけで100時間以上の講義時間がある上，テキストを1周して終わるため，講義を受け終わると最初の方にやったことをほとんど覚えていないということが普通でした。しかし，総合講義は講義内でテキストを3周するため，それまでにやったことを忘れにくい構造になっていると感じました。また，予備校のテキストにありがちな，論文問題に頻出の知識のみならず短答にだけ出る細かい知識も含めた全ての情報をとりあえず掲載して，使いにくい分厚いテキストになってしまうということが避けられており，繰り返し使用しやすい薄いテキストになっていることがかなり優れていると思います。リングファイルで綴じる形式のテキストも多いですが，リングファイルで綴じるとそれだけでテキストがかさばってカバンで持ち運びにくくなるので，冊子の形に装丁されているのも受験生のことをしっかり考えてくれていると思いました。

【論証集の「使い方」】

　短い時間で各科目の復習，論点の書き方の簡単な確認ができるのがとても優れています。講義音声をダウンロードして，iPodで繰り返し再生していました。

【論文答案の「書き方」】

　答案の書き方が分からない状態というのは，「今は書けないから，問題演習しないでおこう，答案を書かないでおこう」と考えがちなのですが，そんな初学者状態の受験生に，強制的に答案を書く契機を与えてくれるので，そういう点でこの講座は有益だったと思います。他のテキストではあまり見ない「答案構成例」が見られるのも初学者の自分には助かりました。また，重要問題習得講座のテキストを用いた演習方法は，この講座で工藤先生がやっていたことをそのままやろうと考えて思いついたのであり，この講座がなければ勉強の方向性が大きく変わっていたのはないかと思います。

【重要問題習得講座】

　テキストが特に優れています。予備校の講座内で使用されているテキストは，口頭・講義内での説明を前提としているため，解説が書かれていなかったり不

十分なことが多いのですが，重要問題習得講座のテキストは十分な解説が掲載されていますし，論証集，総合講義の参照頁も記載されていますから，自学自習でも十分にテキストを利用することができます。

【短答知識完成講座Ⅰ】

短答の勉強をしていくうちにどうしても曖昧になる分野について，手軽に解説を見られるのが優れていました。ある程度短答の過去問に当たってから講義を受講すると，「ここはこの視点が自分になかったのか」等の発見があり，良かったです。

【旧司法試験論文過去問解析講座（上三法）】

テキストに掲載されている解説が詳細であるのみならず，予備試験合格者が60分で六法以外何も見ずに書いた答案が掲載されており，予備試験合格者のリアルなレベルを知ることができたのはとても有益でした。完全解を目指すためには模範答案を，とりあえず自分がどの程度のレベルに到達しているのかを測るためには予備試験合格者の答案を見れば良かったので，全司法試験・予備試験受験生に薦めたい講座の1つです。

【2017司法試験型答練】

採点項目がかなり細分化されているため，自分の問題がどこにあるのか発見が容易にでき，弱点の改善に有益な講座でした。また，司法試験合格者の方による添削は，合格のために何が必要なのかという点から有益なアドバイスも多く，司法試験に向けた最後の仕上げとしての勉強の方向性はこの答練を基にして決定していました。

—— 学習時間はどのように確保し，1日をどのように過ごしていましたか？

学習時間はローの講義のない空きコマで問題を解くようにしていました。また，集中できないときはスマホの電源を切ってカバンの中にしまったり，そもそもスマホを持って大学に行かないようにすることで，「勉強以外にやることがない」状況を意図的に作り出すようにしていました。

1日の過ごし方について，午前10時ごろから勉強を開始し，食事や休憩の時間をとりつつ夜の10時ごろまでは自習室にて勉強していました。ローの課題との関係で徹夜をしたことはありますが，司法試験の勉強のために徹夜をしたり自習室から帰らないまま次の日を迎えたりすることはありませんでした。

—— 直前期はどう過ごしていましたか？

直前期は総合講義テキストや重要問題習得講座を見直しつつ，司法試験の過

去問を何度も答案構成したりして過ごしていました。総合講義テキストを頭から読む時間を作っていましたが、今振り返ってみると、かなり無駄な時間を過ごしてしまったと思います。読むだけでは自分のどこに問題があってどうすれば改善されるのか適切に把握することが困難だったので、重要問題習得講座などで問題演習する中で自分自身に内在する問題点を発見していけば良かったと思います。

　試験時の精神状態については、「自分が受からなければ誰が受かるのだろう」というぐらい強気で試験に臨みましたが、初日の公法系が本当に分からなかったため、一気に弱気になり「本当にこの試験誰が受かるのだろう。今年はもう100人ぐらいしか合格者が出ないんじゃないか」などと考えるようになってしまいました。

—— 試験期間中の過ごし方は？

　試験期間中は、とにかく終わったことは誰とも話さずに、次の日の試験科目の復習に努めるようにしていました。しかし、試験会場から宿泊ホテルに向かう道中で、「俺は答案○頁書いたけど」などと喋りかけてくる同級生に捕まってしまったので、精神面がいよいよ追いやられてしまいました。今思い返せば、イヤホンで論証集講座を聴きながら、誰とも目を合わせず、誰とも喋らずに帰ればよかったなと思います。

—— 受験した時の手ごたえと合格した時の気持ちを教えてください。

　受験したときは、本当にダメだと思いすぐに自分の弱点、試験を受けて失敗したと感じた点を洗い出した上で、来年の受験に備えていました。他の予備校の司法試験過去問分析講座を購入したり、アガルートアカデミーの旧司法試験論文過去問解析講座の民事訴訟法を購入したりしていました。

　合格したときは、受験者数が7000人を切っているのに合格者の数が1500人であり合格率が上がっていた（今年の合格者数は1350人ぐらいだと勝手に思っていた）ため、「その年は合格率が高かったから運良く受かったのだな、1500番ぐらいだろうか」と考えていました。それでも、「とにかく受かればそれで良い」と考えていたため、合格できて嬉しかったのと同時に安心しました。

　成績を見た時は、他の人と答案の取り違えが起こったのではないかと疑いました。行政法と民事訴訟法は主観的にかなり出来が悪かったので、今でも疑っています。

―― 振り返ってみて合格の決め手は？　合格にアガルートの講座はどのくらい影響しましたか？

　　演習中心で勉強し，細かい知識に拘泥することなく，「受かればなんでも良い」という精神で合格に必要な最短コースを選ぶことができたのが合格の最大の決め手になったのだと思います。重要問題習得講座は，そのような演習中心の勉強をするに当たりかなり有益でした。また，論証集の「使い方」についても，その内容面はもちろん，勉強方法について講座内でも，工藤先生は再三「受かればなんでもいい」「みなさんの目的は法学を理解することではなく，受かること」と仰っており，講義音声を聞き返す度にこれを耳にすることになるので，自分の目的意識を明確に保つことができたように思います。

　　司法試験の勉強をする中で，必ずしも司法試験に関係のない法学的に難しい問題にぶち当たり，「法学を学ぶことの楽しさ」みたいなものに触れてしまうことが私はありましたが，そこで司法試験に関係のない「趣味としての勉強」にコースアウトすることなく，目的意識を明確に保って，勉強方法をしっかり追求できたことが，合格の決め手になったように思います。

―― 後進受験生にメッセージをお願いします。

　　私自身もそうでしたし，ネットで司法試験受験生（特に学部生）を見ていてよく思うのは，「合格者に勉強方法などについて質問をたくさんする人ほど，自分で勉強する気がない」ということです。勉強方法や合格体験談の情報をたくさん集めるだけで，なんとなく自分の合格が近づいたように錯覚してしまい，真面目に勉強しなくなるというのは私自身が経験した失敗です。受験生がやるべきことは，失敗体験を集めた上で，その失敗を自分がしないようにすることだと思います。私は講義動画を視聴するだけで自分では答案を書かなかったために，ロー入学時点で答案の書き方が全く分からない，答案が書けないという失敗を犯しました。受験生の方には，ぜひとも私と同じ失敗をしないようにしていただきたいと思います。

Profile

上田 亮祐（うえだ・りょうすけ）さん

25歳（合格時），神戸大学法科大学院出身。
平成28年予備試験合格（短答1998位，論文173位，口述162位），
司法試験総合34位（公法系199〜210位，民事系70〜72位，
刑事系113〜125位，選択科目（知的財産法）3位，論文34位，
短答455位），受験回数：予備，本試験ともに1回ずつ。

福澤　寛人 さん

平成30年度司法試験予備試験合格
慶應義塾大学在学中合格

—— 法曹を目指したきっかけを教えてください。

　法律の勉強が楽しく，法律を扱う仕事をしたいと感じたからです。私の業務は，弁護士の業務への興味よりも，法律学への興味が先行していました。

—— どのように勉強を進めていましたか？

　総合講義300を受講したあとに，ラウンジ指導を受け，論文を書き始めました。今思えば，総合講義300と論文答案の「書き方」・重要問題習得講座は並行して受講すべきであったと感じています。

　勉強の方針としては，手を広げすぎず，アガルートの講座を中心に勉強をしました。また，特に過去問の分析にも力を入れ，本試験というゴールを意識した勉強をするよう心掛けていました。

—— 受講された講座と，その講座の良さ，使い方を教えてください。

【総合講義300】

　総合講義300は，300時間という短時間で法律科目全体を学べる点が良かったです。講座自体はとても分かりやすいのですが，法律そのものが難解ですので，どうしても理解できない箇所がありました。しかし，工藤先生がおっしゃる通り，分からない箇所があったとしても，一旦飛ばして先に進むという方針で勉強をしました。その結果，躓くことなく，また，ストレスを感じることなく，勉強を進めることができました。

【論文答案の「書き方」】

　この講座は，論文の書き方の基礎をさらっと学べる点が良かったです。この講座は，受講をした後に，練習問題を実際に書き，先生に添削していただくと

いう使い方をしました。

【重要問題習得講座】

　この講座は，全ての問題を解くことで，重要な論点の論文問題をこなせる点が良かったです。この講座は，答案構成をした後に解説講義をきき，自分の答案構成と参考答案を見比べ，自分に何が足りていないかを分析するという使い方をしました。

【論証集の「使い方」】

　この講座は，繰り返し聴くことで，自然と論証が頭に入ってくる点が良かったです。この講座は，iPhoneに音声を入れ，1.5倍速ほどのスピードで繰り返し聴くという使い方をしました。

【予備試験過去問解析講座】

　この講座は，難解な予備試験の過去問について，丁寧に解説がなされている点が良かったです。この講座は，予備試験の論文の過去問を実際に解いた後に，講義を聴くという使い方をしました。

── 学習時間はどのように確保していましたか？

　隙間時間を有効に活用することで，最低限の学習時間を確保するよう意識していました。勉強に飽きたときには，あえて勉強をせず，ストレスをためないように意識をしていました。

── 直前期はどう過ごしていましたか？

　直前期は，自分でまとめた自分の弱点ノートを見直していました。自分には，問題文を読み飛ばす・事情を拾い落とすなどの弱点があったため，本番でその失敗をしないよう，何度もノートを見ることで注意を喚起しました。また，何とかなるでしょうという気軽な心構えで試験を迎えました。

── 試験期間中の過ごし方は？

　普段と違うことはせず，普段と同じ行動をするように心掛けました。また，辛い物や冷たい物など，体調を崩す可能性のある物は食べないよう気をつけました。

── 受験した時の手ごたえと合格した時の気持ちを教えてください。

　短答式試験は落ちたと感じましたが，実際には合格できていたので，スタートラインに立てたという安心感がありました。

論文式試験は初受験だったため，よくできたのかできなかったのかも分かりませんでした。そのため，論文合格を知った時は嬉しい気持ちと驚きの気持ちが半々でした。

　口述式試験は，完璧にはほど遠い手ごたえでしたが，合格しているとは感じていました。実際に合格していると知ったときには安堵しました。

── 振り返ってみて合格の決め手は？　合格にアガルートの講座はどのくらい影響しましたか？

　合格の決め手は，アガルートを信じて手を広げ過ぎなかったことであると感じています。アガルートの講座のみを繰り返すことによって盤石な基礎固めをすることができたと思います。そのため，上記の講座は，今回の合格に大きく影響していると考えます。

── アガルートアカデミーを一言で表すと？

　「合格塾」です。

── 後進受験生にメッセージをお願いします。

　予備試験は出題範囲が広く，受験は長期間の闘いになると思います。ですので，無理をしすぎず，ストレスをためない勉強方法を模索することが大事だと思います。

　また，私は，模範答案とは程遠い答案しか書けずにいました。しかし，それでも結果的に合格できていることから，合格するためには模範答案ほどの答案を書ける必要はないと分かりました。そのため，完璧な答案を書けなくとも，気にすることなく勉強を進めていただければと思います。

　同じ法曹を目指す仲間として，これからも勉強を頑張りましょう。

Profile

福澤 寛人 (ふくざわ・ひろと) さん

21歳（合格時），慶應義塾大学4年生。
在学中に受けた2回目の予備試験で合格を勝ち取る。短答1770位，論文106位。
その後，令和元年度司法試験1回目合格。

〈編著者紹介〉

アガルートアカデミー

大人気オンライン資格試験予備校。2015年1月開校。

● 司法試験，行政書士試験，社会保険労務士試験をはじめとする法律系難関資格を中心に各種資格試験対策向けの講座を提供している。受験生の絶大な支持を集める人気講師を多数擁し，開校から6年あまりで会員数は既に3.5万人を超える。合格に必要な知識だけを盛り込んだフルカラーのオリジナルテキストとわかりやすく記憶に残りやすいよう計算された講義で，受講生を最短合格へ導く。

● 近時は，「オンライン学習×個別指導」で予備試験・司法試験の短期学習合格者を続々と輩出する。

アガルートの司法試験・予備試験
総合講義1問1答　刑事訴訟法

2021年2月5日　初版第1刷発行

編著者　アガルートアカデミー

発行者　アガルート・パブリッシング
〒162-0814　東京都新宿区新小川町5-5　サンケンビル4階
e-mail：customer@agaroot.jp
ウェブサイト：https://www.agaroot.jp/

発売　サンクチュアリ出版
〒113-0023　東京都文京区向丘2-14-9
電話：03-5834-2507　FAX：03-5834-2508

印刷・製本　シナノ書籍印刷株式会社